기대를 현실로 바꾼 이야기

목차 Contents

제1부 05 둥지에서
둥지에서　07
머무르고 싶었던 시절　20

제2부 31 꿈을 키우다
즐거운 방황　33
붉은 유니폼　40

제3부 45 인연에서 인연으로
경주에서 서울로　47
든든한 우군　53

제4부 59 일본 유학 시절
동경이야기　61
못다한 일본 이야기들　70

제5부	도전의 시대
79	창업의 꿈　81
	퀵서비스의 탄생　89
	첨단기술 도입　97

	시련의 시대	제6부
	위기와 불행　105	103

제7부	새로운 변신
115	차별화의 경주　117
	과감한 시도들　125

	남기고 싶은 이야기들	제8부
	도전과 실패에서 배운다　137	135

제9부	아름다운 마무리
147	에필로그　149

부록	
153	회사 연혁　154
	언론 보도　160

01
둥지에서

成長

어린 시절 1960년대 초반 우리
집은 비교적 행복한 중산층이었고
나는 집안에서는 두목이었고
집밖에서는 골목대장이었다.
그 시절은 문자 그대로 개구쟁이라는
표현이 딱 어울리는 나날이었다.

둥지에서

밤나무 집

나는 1956년 8월 31일(음력 7.26) 경기도 의정부 사패산 자락의 가능 佳陵 동에서 태어났다. 한국전쟁이 끝난 지 3년이 지나 폐허 속에서 서서히 일어나고 있는 중이었지만 사회와 민심은 혼란스러웠고 삶은 팍팍할 때였다.

65년전 나의 고향 가능동은 도시도 시골도 아니었고 당시 한국의 많은 집들이 그랬듯이 전쟁의 피해 흔적이 여기 저기 남아 있었다. 이름과 달리 수려한 산세라기보다는 꽤 높은 산들이 병

제1부 둥지에서 7

풍처럼 둘러 싸인 곳이었다. 현재는 의정부시 가능동으로 행정 명칭이 바뀌었지만 가능면이라는 이름이 더 친근하게 느껴진다. 옛 고향에 대한 아련한 그리움이 더해 가는 것은 나이 탓일까?

나의 생가는 초등학교 고학년 때까지 오랫동안 살았던 단층 한옥으로 산들이 바라 볼 수 있는 ㄱ자 대청 마루가 있었다. 어릴 적 기억으로 비교적 널찍했던 마당에는 장독대들뿐만 아니라 커다란 밤나무 4그루와 그네가 달린 단풍나무도 있었고 어머니가 채소를 심고 가꾸는 작은 텃밭도 있었다. 그네 타기와 함께 겨울에는 우물로 이어 지는 도랑 길에서 아버지께서 사주신 스케이트를 타고 놀았다. 한 겨울의 찬 바람도 아랑곳 없이 하루 종일 지치지 않고 놀았던 기억이 생생하다.

밤나무는 우리 집의 마당에서만 자란 것이 아니라 집 밖에서도 밤나무 가로수가 줄지어 서 있었다. 봄이면 제법 아름다운 풍경이었지만 5,6월이 되면 송충이가 놀랄 정도로 늘어나 스멀스멀 담벽을 기어 오르곤 했다. 당시의 어려운 주거 사정에서는 흔한 일이었지만 우리 집에도 세 들어 사는 사람들이 있었다. 셋집의 딸로 동갑내기인 명기희는 재미있게 놀기도 심하게 싸우기도 했던 첫 번째 이성 친구였다.

그 당시 기억나는 에피소드가 있다. 여섯 살이었을까? 부엌으로 연결된 안방 문에 걸려 넘어져 물이 끓던 솥에 심하게 데어 버린 것이다. 지금도 배에 흉터가 남을 정도였지만 당시에는 아픈 것보다 엄마한테 혼날 것이 더 무서웠다.

강직한 아버지, 자애로운 어머니

부모님은 두 분 모두 북한이 고향으로 전쟁 때 남쪽으로 피난 오셨다. 아버지 (풍천 임씨)는 1930년생으로 평안북도 선전이 고향이고 한 살 아래의 어머니는 함경도의 독실한 기독교 집안 출신으로 신앙의 자유를 찾아 내려 오셨다. 두 분은 영등포 경찰서장이었던 외삼촌의 소개로 전쟁이 끝나고 결혼하셨다고 한다.

아버지는 1950년 가을 형님과 함께 같은 국군 부대 소속으로 치열한 전투를 겪으며 북으로 진격하였지만 중공군의 참전으로 고향 수복의 꿈도 헛되이 남쪽으로 후퇴를 하던 중 아버지가 소속된 부대가 인민군들에게 포위되어 쫓기다가 어느 갈림길의 철로에서 형님과 후일을 기약하고 헤어졌다고 한다. 다행히 아버지가 선택한 길이 안전한 곳이어서 구사일생으로 목숨을 건지셨다고 한다.

전후에 군에 남으셨던 아버지는 성실한 근무와 능력을 인정 받아 대위로 진급하고 보급장교로 근무하셨다. 그러나

부모님 전통 결혼식 모습

아버지는 정직했던 성품 탓에 상관들의 부당한 압력에 맞서 다투느라 마찰이 끊임 없이 일어났었다.

하루는 상급자의 터무니 없는 요구를 거절하기 위해 영내를 나와 산으로 도피한 적도 있었다고 한다. 결국 아버지는 상관들과의 갈등으로 결국 예비역으로 예편하고 후에 한국전력의 공무과장이 되어 민간인으로 사회에서 재출발하게 되었다.

아버지는 강직한 분이었다. 평생에 걸쳐 당신께서는 "비굴하지 말고 떳떳하게 살아야 한다"고 "세상과 타협하지 말고 항상 바르고 곧은 길을 가라"고 기회 있을 때마다 되풀이해서 말씀하셨다. 이러한 평소 소신 때문인지 아버지께서는 오랜 공직을 하셨음에도 별다른 잡음도 사고도 없이 무사히 공직을 마치셨다.

지금 돌이켜 보면 전쟁 직후 무질서하고 혼란스런 당시의 사회상황에서 아버지의 고집스러울 정도의 신념은

쉬운 일이 아니고 존경스러운 것이라고 생각한다. 반면에 자녀들에게 헌신적이었던 어머니는 독실한 교인으로 언제나 새벽기도를 했고 내가 목사가 되기를 은근히 기대할 정도로 신앙심이 강하신 분이었다. 어머니는 한마디로 희생이라는 단어가 가장 잘 어울리는 분으로 숱한 어려움을 참으시면서도 우리 5남매를 항상 격려해 주시면서 키워주셨다.

최근에 차례로 돌아 가신 어머님, 아버님을 생각하면 그리움과 애틋함에 가슴이 미어진다.

바나나와 귤

나는 집안의 장남으로서 누나 한 분과 각각 3살 터울의 남동생 둘과 막내 여동생이 있다. 형제간 우애는 좋은 편으로 동생들은 착하고 순종적이었다.

과거에 한국의 가정이 다 그러했듯이 아버지는 장남을 책임감 있는 남자답게 키우려 했고 어머니도 남자 맏이에게 우선적으로 새 옷과 좋은 음식을 챙겨 주셨다. 그때는 몰랐는데 되돌아 보면 누나와 동생들에게 미안할 정도로 편애를 하신 것 같다.

그러나 생각해 보면 그 당시 기준으로 우리 형제들은 별다른 부족함 없이 부모로부터 사랑을 많이 받으며 자랐다. 집에서는 언제나 간식으로 절편을 많이 먹었고 가끔 어머니께서 사다 주시는 바나나와 귤은 그렇게 맛이 좋을 수 없었다.

초등학교 (당시는 국민학교) 입학 때 어머니가 교복을 입혀 주셨는데 학급의 친구들은 아무도 교복을 입지 않아서 학교에 가기가 쑥스러웠고 명절에 입는 색동 바지도 부끄러워서 어떻게든 안 입으려고 했었다.

골목대장

어린 시절 즉 1960년대 초반 우리 집은 비교적 행복한 중산층이었고 나는 집안에서는 두목이었고 집밖에서는 골목대장이었다. 그 시절은 문자 그대로 개구쟁이라는 표현이 딱 어울리는 나날이었다.

당시 아이들의 놀이는 3종 경기라 할 수 있는 팽이, 딱지, 구슬 치기였지만 겨울에는 얼어붙은 주인 없는 빈 야지에 물을 부어 만든 빙판에서 날이 하나 있는 썰매나 스케이트를 타며 밤 늦게까지 놀았던 기억이 생생하다.

임시 스케이트장의 입장료는 30원으로 5원인 버스 요금의 6배 정도였던 것으로 기억한다.

낮에는 동네마다 돌아 다니며 아이스께끼를 외치는 장사꾼과 좌판대에서 멍게 해삼 그리고 뽑기를 파는 아저씨들 주위로 아이들이 구름처럼 몰렸다. 저녁에는 집집마다 밥 짓는 연기가 오르고 수저가 밥그릇을 부딪히는 소리가 나고 엄마들이 부르면 개구쟁이들은 마지못해 집으로 돌아 가던 시절이었다.

요즘과 달리 초등학교 입학 전에는 공부로 받는 스트레스는 전혀 없던 때였다.

전염병을 예방하기 위하여 마을을 달리는 방충소독차 뒤를 부지런히 따르는 소년들 어디를 가나 아이들뿐이었다. 그 무렵 붐비던 그 많은 아이들이 국력의 근원이라는 것을 그때는 당연히 몰랐다. 친구들 중 이민간 친구도 있고 소식이 끊긴 친구도 있지만 모두 그리울 뿐이다 특히 장세영은 어느 하늘에 있는지 살아는 있는지...

그 무렵에는 쥐도 많았다. 집뿐만 아니라 동네 이곳 저곳에 쥐약과 쥐덫이 있었는데 하루는 집에서 기르던 눈이 파란 개가 쥐약을 먹고 부르르 떨며 죽어 가는 모습을 보았다. 한 동안 사라지지 않았던 아픈 경험이었다.

쥐만큼 많은 것이 좀도둑이었다. 요즘에는 거의 없지만 1960년대에는 극심한 생활고로 인한 단순 절도범들이 상당히 많았다. 당시 도둑들은 낮이든 밤이든 불이 켜져 있든 거침 없었다.

한 번은 TV를 도둑맞은 적도 있었는데 아버지가 황급히 쫓는 바람에 담을 넘던 도둑이 TV를 던지고 도망한 적도 있었다.

그 귀중한 TV로 비록 흑백 TV이지만 즐겨 본 것이 프로 레슬링이었다. 동네에 TV가 없는 집이 대부분으로 14인치 TV 수상기 한 대가 쌀 30가마니의 값과 같을 정도로 엄청난 귀중품이었던 것이다. 저녁이면 옆집 사람들과 친구들이 꾸역꾸역 우리 집에 와서 같이 레슬링 시합을 보곤 하였다.

김일 선수가 기괴한 복면을 쓴 거구의 미국 프로 레슬러를 때려 눕히면 사람들이 자기 일처럼 기뻐하며 환성을 지르곤 했다. 프로 레슬링은 생활에 지치고 별다른 오락이 없던 시절 국민들에게 많은 힘을 주었던 것 같다.

어린 시절 내가 사고친 사건 목록 중 하이라이트는 소방차 사건이었다. 하루는 장난으로 볏짚을 태우다 소방차가 집까지 출동한 것이다. 당시 소방서는 소방 탑이라는 일종의 전망대를 만들어 높은 곳에서 동네를 주의 깊게 살펴보고 있었는데 우리 집에서 피어오르는 연기를 발견한 것이었다.

1960년대 동네의 소방탑 모습

그만큼 불이 자주 일어나던 시절로 동네 곳곳의 벽에는 꺼진 불도 다시 보자는 표어가 다닥다닥 붙어 있었다.

아버지께서는 많이 놀라시고 진노하셨다. 무엇보다 화재에 민감했고 가족들에 늘 주의를 주셨기 때문이었다. 다른 집의 아버지와는 달리 그렇게 엄격하지 않으셨지만 아버지는 역시 무서운 존재로 요즘 부모들과는 비교도 할 수 없을 정도로 권위도 있고 엄격하셨다. 오죽하면 가장 무서운 것이 불 다음이 아버지였을까?

그렇더라도 부모로부터 많은 사랑을 받고 자란 밝고 순수한 시절이었다. 아무런 걱정도 아무런 스트레스도 없었다.

초등학교 모범생

꿈 같은 개구쟁이 시절을 마치고 설레는 마음으로 입학한 학교는 가능국민학교였다. 산을 배경으로 햇볕이 잘 드는 야트막한 대지에, 미루나무와 은행나무들이 줄 지어 서 있는 전형적인 목조건물의 초등학교였다. 입학할 무렵엔 설립이 얼마 안된 신생학교였지만 (나는 5회 졸업생) 현재는 역사가 오래된 초등학교 중 한 곳이 되었다.

교복에 손수건을 달고 걸어간 2킬로미터 남짓의 등하굣길은 반은 포장되어 있고 반은 농촌의 그런 길이었다. 포장도로가 중간, 중간 끊겼다 들길이 이어지고 다시 논길이 이어지는 식이었다.

한 반 60여명 학생들의 (학년별로 6개 학급) 고사리 손으로 책을 펼치는 교실의 정면에는 태극기와 박정희 대통령의 사진과 몇몇 표어가 붙어 있었다. 물론 그 당시에는 아무런 의미도 몰랐겠지만 초등학교 교실에도 군대처럼 획일적인 주입식 교육의 풍경이 가득했던 것이다.

한결같이 머리 기름을 바른 남자 선생님들은 말과 태도에 절도가 있었고 여자 선생님들은 단정하고 깨끗한 복장이었다. 기억에 남는 선생님은 1학년 때 옥경란 담임선생님. 어린 눈에도 날씬하고 예쁘고 친절했던 여선생님이었다.

4학년때 들어간 합창단(음악실이 따로 있었다)의 선생님도 무척 따르고 좋아했다. 선생님의 풍금 연주에 따라 노래를 부르면 시간 가는 줄을 몰랐고 칭찬도 많이 받았기 때문이다. 음악에 대한 관심과 약간의 재주는 이때부터 드러나기 시작한 것은 아닌지 모르겠다.

1960년대 중반 당시에는 송충이 박멸대회, 화재예방 훈련, 밀가루 분식 먹기 등과 행사들이 거의 매주처럼 이어졌다. 지금과 비교하면 계몽 행사가 무척 많았던 것이다. 그런 행사들이 열린 운동장에서 남자아이들은 먼지를 일으키며 조그만 공을 따라 뛰며 미니 축구를 하고 한 쪽 구석에서는 여자아이들이 고무줄 놀이를 하고 있었다.

물건이 궁핍하던 시절이라 운동화가 없어 기운 양말에 검정 고무신을 신고 등교하던 학생이 대부분이었다. 사실 버릴 용품도

초등학교 시절 송충이 박멸대회 모습

거의 없었지만 집에서나 학교에서나 물건을 함부로 버리면 하늘에 죄짓는다고 교육받았다. 먹는 것도 변변치 않았다.

학교에서 가끔 옥수수빵도 배급 받았지만 많은 학생들의 도시락은 밥과 김치가 전부였다. 내 도시락의 멸치볶음과 계란말이를 보고 부러워하던 친구들도 많았을 정도였다.

초등학교시절 나는 기본적으로 모범생이었다. 학업성적도 좋았고 합창단에서는 리더였다. 오렌지색 운동복을 입고 달린 가을의 운동회에서도 여러 번 우승했다. 책도 많이 읽었다. 신바드 모험, 알리바바 40인 도적, 로빈슨 크루소 등이 즐겨 읽던 나의 도서 목록이었다.

당시 웬만한 집의 책장에는 아동 문학 전집들이 있었다. 그러나 초등학생 무렵 내 꿈은 TV 방송에 나오는 탤런트였다. 그래서인지 거울도 자주 보고 멋 부리기에 관심이 많았다. 그때부터 어른이 되면 무대 위에서 사람들의 주목을 끌고 싶은 꿈이 꿈틀꿈틀거리기 시작했는지도 모르겠다.

할아버지와 고구마

초등학교 4학년때 집 뒤로 도로가 나면서 비교적 작은 집으로 이사를 갔지만 그 무렵부터 가족여행의 기회가 서서히 늘어났고 어느 여름에는 강릉바다에까지 갔는데 태어나서 처음 바라 본 바다는 한편으로 무섭고 한편으로는 감동적일 정도로 웅장한 모습이었다

평소에 나와 동생들은 외삼촌 외숙모 등 외가 쪽 친척들을 많이 따랐지만 방학이면 무조건 할아버지를 뵈러 갔었는데 당시 의정부 군청 산림 과장으로 계셨다.

할아버지 댁은 바위가 많은 수락산 골짜기에 있는 장암동의 밤나무가 400그루가 넘는 커다란 산채였다. 당시 장암동은 지금과 달리 맑고 깨끗한 물이 흐르는 고즈넉한 계곡이었다. 옛날에는 주로 이 길을 통해서 서울을 왕래하였다고 한다. 가끔 찾아 뵙는 할아버지는 어려웠고 산채에서 기르는 맹견도 무서웠지만 언제나 하얀 밀짚모자를 쓰고 계신 할아버지는 장손을 따스하게 대하며 계란도 삶아 주시고 감자도 캐고 고구마도 구워 주셨다.

특히 고구마의 맛이 좋았다. 할아버지와 같이 사시던 할머니도 친할머니는 아니었지만 따로 자손이 없으셨던 탓에 우리 형제들을 많이 귀여워 해주셨다. (할머니는 고등학교 시절 돌아 가셨다) 할아버지께서 간식으로 주시는 고구마에는 어머니가 가져온 김치가 최상의 조합이었다. 어머니의 김치는 어느 집보다 맛 있었고 어머니의 장기는 김치 찌개였다. 다시는 맛 볼 수 없는 일품이었다.

머무르고 싶었던 시절

교문 앞의 살풍경

중학교는 경민중학교에 배정되었다.

당시에는 중학교 입시가 대학교 입학시험보다 더 치열하고 어려웠고 소위 명문 중학교를 둘러싼 과열 경쟁이 심할 때였다. 그러한 분위기에 휩쓸린 나도 초등학교 5학년부터 서울의 유명 중학교에 들어가기 위해 참고서를 달달 외우면서 나름 열심히 공부하고 있었다. 그러나 6학년 여름에 중학교 무시험 입학제도의 도입으로 모든 것이 바뀌었다. 하루아침에 입시제도가 변경된 것이다.

새로운 입시 방식은 점차 서울로 모여 드는 인구 집중의 혼잡을 피하고 중학교 입시의 지나친 경쟁을 완화하고 평준화를 이루기 위한 명분을 내세웠다. 입학시험도 없이 단순히 거주지 주변의 중학교에 배정된다고 하였다. 그 동안의 긴장이 풀어지며 마치 보상이라도 받듯이 나는 초등학교의 마지막 겨울을 신나게 놀며 보냈다.

경민 중학교도 철로길을 따라 걸으면서 통학하였다. 주변에 미군 1 군단 사령부가 있어 미군 차량들이 빈번히 왕래하였고 길에서 쾌활하게 웃는 백인 병사들의 떠벌리는 말을 들을 때 마다 영어에 대한 호기심은 물론 바깥 세상인 외국의 문화에 대한 관심도 늘어 가고 있었다.

경민중학교는 당시로서는 특이하게 남녀 공학이었다. 여학생이 사용하는 교사는 다른 건물이었지만 여학생 친구들하고 스스럼 없이 순수하게 잘 어울렸던 것 같다.

미션 스쿨인 경민중학교는 아침 수업시간 전 찬송가와 주기도문이 교정에 울려 퍼지는 평화로운 정경이었지만 등굣길 교문 앞은 반드시 평화스러운 모습은 아니었다. 기율부 형들이 마치 훈련소 조교들처럼 무서운 눈빛으로 학생들의 복장을 살피고 있었던 것이다.

모자를 삐딱하게 쓰거나 모표가 삐뚤어지거나 심지어 상의에 후크가 풀려도 어김없이 적발하여 이름을 적거나 '엎드려 뻗쳐'를 시켰다. 더욱이 기본적으로 빡빡머리의 중학생이었지만 조금만 머리가 길어도 바리캉으로 싹싹 밀어 주는 친절? 을 베풀기도 하였다.

 돌이켜보면 나는 학급에서 1등을 여러 번 할 정도로 성적도 좋았고 (특히 국어, 영어 과목) 싹싹하고 명랑한 말투 탓에 선생님들이 좋아했고 멋도 꽤 부리고 흉내도 농담도 잘 하여 친구들에게도 인기가 있는 편이었다. 인기를 기준으로 한다면 마치 인생의 전성기 같은 중학교 시절이었다.

 그러나 나는 과목간의 호불호가 심했고 무엇보다 암기 과목에 대해서는 일종의 혐오 같은 것이 있을 정도였다. 싫어하는 과목도 전체 성적을 올리기 위해서 노력했어야 했지만 아예 무관심으로 일관하는 바람에 성적향상은 기대 할 수 없었다. 가장 후회스러운 일이었다.

철로길의 결투

 중학교 동기 중에는 전 양주 시장인 이성호와 사업을 하는 조화연, 김성우, 포드 자동차의 하정우 등이 집에 자주 놀러 온 단짝 친구들로 지금도 골프 모임을 하며 잘 어울리고 있다.

 경민 중학교는 산을 깎은 대지 위에 만들었는데 나는 친구들과 함께 주말이 되면 학교 뒷산에서 칡을 캐어 뿌리째 먹었다. 요즘 같은 햄버거나 콜라와 같은 간식이 없던 시절이었다. 미군이 쓰던 야전 삽이나 톱으로 칡뿌리를 잘라서 한 토막씩 친구들에 나누어 주었는데 칡뿌리의 하얀 속살은 달콤할 뿐 만 아니라 턱의 근육과 이빨도 단단하게 만드는 효과가 있었다.

껌도 자주 씹었는데 씹던 껌을 버리지 않고 벽에 찍어 놓고 다음 날 또 씹었다 아까웠기 때문이다. 지금은 상상도 못할 일이지만 물건이 궁핍하던 시절에는 당연한 것으로 여겼던 것이다.

그 무렵 기억나는 에피소드는 양창협과의 주먹싸움이었다. 양창협은 아버지가 육군 중령 출신의 아들로 싸우다가 누군가 코피가 터지면 지는 시합이었다.

학교 수업을 마치고 논두렁 철로길에서 죽자 살자 그야 말로 진흙탕 싸움을 한바탕 벌였다. 싸움의 원인과 누가 이겼는지 정확한 기억은 안 나지만 처음 겪는 사내들의 결투였다.

나는 어린 학생의 싸움이 옳다고 생각하지는 않는다. 그렇다고 성장하는 소년들에게 주먹다짐을 못하게 한다고 세상이 평화로워지지 않는다고 생각한다.

내가 중학교 때만 해도 소년들의 공격성을 철저하게 억누를 수가 없었다. 그러기에는 어른들이 너무 바빴고 자녀도 너무 많았다. 그러나 요즘은 온실 속의 화초처럼 부족함도 모르고 커다란 갈등도 없이 성장한 아이들이 대부분이다. 그렇게 자란 소년들이 사춘기에 이르러 공격적으로 변할 때 어떤 무시무시한 일이 벌어지고 있는지 거의 매일 확인하고 있는 것이다.

김영혁 교장선생님

홍봉우 선생님

대학 같은 고등학교

서라벌고등학교에 대한 첫 인상은 마치 대학교의 외관 같은 모습이었다. 1970년대 초 서라벌고등학교는 멀리서 봐도 눈에 확 띨 정도로 아름다운 정경의 학교였다. 르네상스 풍의 우아한 석조건물들이 즐비하였다.

서라벌예술대학이 흑석동으로 이전하면서 남아 있던 대학의 시설들이 그대로 고등학교로 옮겨졌기 때문이다. 작은 천 위를 가로 지르는 다리를 건너야 등교할 수 있었는데 학생들은 작은 천을 세느 강이라고 불렀다.

특히 눈이 내린 겨울에는 한 폭의 그림 같았다. 모르긴 몰라도 서울에서도 가장 아름다운 정경의 고등학교가 아니었을까?

서라벌 고등학교는 1998년 노원구 중계동으로 이전하여 강북의 명문으로서 발전하고 있지만 과거의 터에 있던 아름다운 건물들은 모두 사라지고 현재는 그 자리에 괴물 같은 아파트 단지가 늘어져 있다. 서운하고 쓸쓸한 생각이 든다

그러나 이 아름다운 학교를 다니기 위해서 의정부에서부터 콩나물 시루 같은 버스를 타야만 했다. 미국의 그레이 하운드 2층 버스를 한진고속에서 고속버스로 전용한 것을 승원 여객에서 다시 시내 버스로 개조한 차량으로 첫 눈에 보아도 낡고 오랜 된 모습이었다.

만원버스에서 앉는 것은 불가능하고 앉더라도 나이 든 분이 타면 자동으로 일어나야 하던 시절이었다. 이리 저리 치이면서

도착하면 진이 빠질 정도였지만 당시에는 그런 고생은 특별한 것도 아니고 당연한 일상으로 여기던 시절이었다. 버스차장이나 학생들이나 마찬가지였던 것이다.

한 시간 가까이 시달린 버스에서 내려 걷다가 다리를 건너고 가파른 고바위 길을 헉헉거리며 올라가야 교실에 들어 갈 수 있었다. 아침 수업시간, 창 건너 바라 보이는 운동장에서는 교련 담당의 선생님의 인솔로 개구리 무늬의 교련복을 입은 학생들이 행군대형으로 걷고 있었다.

기억에 남은 선생님들은 퇴역 대위출신의 교련 과목의 홍봉우 선생님, 김영혁 교장 선생님 그리고 1학년때 담임 선생님인 임경옥 선생님이었다. 임 선생님은 온화한 성품으로 늘 격려를 해주셨고 삶과 세상을 바라보는 눈도 깨우쳐 주셨다.

그리운 친구들

그 무렵 아버지께서는 공직을 마치고 정육점을 개업하셨다.

평생 관리직 공무원을 하다 사업, 그것도 아버지와는 전혀 인연이 없을 것 같은 정육점을 여신 것이다. 이유는 모르겠지만 지금과 달리 사람들은 자본도 많이 투입되는 정육점에 대한 평판은 좋은 것이 아니었고 심지어 백정 소리까지 들어야 했다. 나도 꽤 싫은 기분이었다.

그러나 이제 당시 아버지보다 더 나이가 많아지니 아버지가 느낀 가장으로서의 책임감을 다소나마 이해할 것 같다.

어쨌든 정육점의 개업으로 어머니는 장남의 친구들이 놀러 오면 당시에 귀했던 간이나 소의 내장, 천엽을 라면과 함께 끓여 주셨다. 별미도 별미이지만 한창 때라 엄청 먹었다.

연대장이었던 이항원, 정규환, 윤진현, 안규섭 그리고 후에 유명 가수가 된 이치현은 40년이 훌쩍 지난 지금도 만나면 아직도 우리 집의 별미 파티를 잊지 않고 말한다.

나도 친구들도 시력에 관계 없이 금테 안경을 쓰고 교련복조차도 멋을 부려 입던 시절이었다. 친구 성기덕은 은테 안경을 쓰고 육영수 여사 저격 사건의 문세광의 흉내를 내며 동료들을 웃긴 적도 있었다. 모든 것이 잊혀지지 않는 추억으로 남았다. 친구들과 순수한 우정으로 보낸 그 시절이 요즘 문득문득 아련한 그리움으로 다가 온다.

라디오와 공부

나의 고등학교 시절은 비교적 즐거운 편이었다. 왜냐하면 좋은 친구들도 있고 그들 사이에 인기도 있었지만 몰입할 수 있는 취미가 있었기 때문이다. 바로 음악이었다. 웬일인지 여자친구 사귀는 것보다는 팝송과 그 연주에 더 관심이 많았다.

지금은 어떤지 모르지만 내가 십대였을 때에는 (중학교 때부터) 라디오에서는 미국이나 영국의 팝 음악만 흘러 나왔다.

밤 7시부터 9시까지 책상 위에서 트랜지스터 라디오 (주로 AM 방송국으로 아직 FM이 일반적이지 않았을 때)를 틀어 놓고 팝송을 들으면서 공부 비슷한 그 무언가를 하고 있었다. 당시 고등학생들은 대부분 라디오 방송을 들었을 것이다.

  이 시기의 음악이라면 마치 엊그저께 접한 것 마냥 아주 선명하게 기억하고 있다. 10대 후반의 음악이란 아주 몸에 스며 들어 혈관을 타고 흐르는 그런 느낌인 것이다. 그러한 추억 때문일까? 요즘도 1970년대의 히트 팝을 들으면 가슴 한 편이 따뜻해짐을 느낀다.

음악에 미치다

  그러나 문제는 나는 음악을 취미로 여기지 않았다. 결과적으로 라디오에서 흘러 나온 노래들이 나의 가슴에 불을 질렀고 청춘 시절에 돌이킬 수 없는 큰 영향을 미쳤다. 나는 음악을 라디오로 듣는 것으로 만족할 수 없었고 사이먼 앤 가펑클, 존 덴버, 엘튼 존, 비지스, 이글스, 스모키 등 시대를 풍미한 기라성 같은 팝 아티스트들의 히트곡들이 너무도 멋 있고 너무도 배우고 싶었다. 똑같이 부르고 또 연주하고 싶었다.

  마뜩찮은 표정의 아버지가 사주신 기타와 팝송 책을 보고 혼자서 기타 연습도 해 보았지만 실력향상에는 한계가 있었다. 결국 기타 학원을 비밀스럽게 등록을 하고 말았다.

  나는 라디오에서 아직 전파를 못 타고 있는 최신곡을 들으러 종로 2가 DJ 다방에 사복을 입고 들어가거나 친구들을 회유하여 수락산 등지에서 나의 기타 연주를 들려 주었다. 그러나 교련

복을 입은 친구들은 나의 어설픈 연주 보다는 가져 온 카세트 테이프 레코더에서 나오는 Beautiful Sunday에 맞추어 흔드는 막춤에 더 관심이 많았다.

두 개의 밴드부

이렇듯 음악에 빠진 내가 학교의 밴드부 가입의 권유를 주저하고 거절 할 이유가 없었다. 밴드부 규율은 엄격하였고 작은 실수에도 어김없이 선배들에게 기합을 받았기 때문에 꽤 열심히 연습했다. 사실 어느 수준에 미치려면 미치는 수 밖에 없었다. 학교 강당에서 악기별로 간격을 두고 연습을 하였는데 나는 플루트를 이치현은 클라리넷을 맡았다.

이렇게 평소에 갈고 닦은 밴드부가 총출동하는 날은 매주 월요일 아침으로 교장 선생님을 비롯 모든 선생님과 전교생이 참석하는 정례 조회였다. 대규모 분열과 행진이 시작되면 밴드부원들은 최선을 다해 연주 실력을 유감없이 발휘하는 것이었다.

학교에서는 밴드부에서 활약을 하였지만 그것으로는 역시 부족하였고 결국 나는 밴드 그룹을 만들었다. 이름은 트리오. 멤버는 나와 김주호, 한경수. 나는 기타를 치고 한경수는 보컬을 맡았다. 한경수는 후에 KBS 탤런트 공채에 붙어 한 동안 탤런트로 활약한 쾌활한 친구였다.

  처음에는 멤버들의 집을 돌아가면서 연습하였지만 눈치도 보이고 불편하여 나중에는 친구 집의 지하 주차장을 빌려 방음장치를 설치하고 앰프도 들여 놓는 등 마치 음반을 준비하는 프로들처럼 제대로 연습했다. 그러나 연주실력이 향상되고 멤버들간의 호흡이 맞으면 맞을수록 학교 성적은 계속 떨어질 수 밖에 없었다. 중학교 때의 모범생이 고등학교 때는 평범한 성적을 내기도 힘들게 된 것이었다.

02
꿈을 키우다

青年

사람을 이해하고 그 사람들이
이루고 있는 사회를
조금이나마 알 수 있게 된 것도
바로 참고 견딘 군대생활
때문이었을 것이다.

연예인의 꿈

나의 고등학생 시절은 음악과 친구들 때문에 너무 바쁘고 즐거운 나날이어서 남들처럼 한가롭게 사춘기를 앓을 여유도 없었다. 그러나 정신 없이 음악과 친구들에 빠져 보내던 나도 고등학교 3학년으로 진급하면서 곰곰이 생각에 빠졌다.

하루는 출세를 하려면 소위 명문대학에 들어가야 하지 않을까? 하루는 나의 적성과 자질로 보아 사람들의 주목을 끄는 직업을 가져야 하지 않을까? 그 당시 나는 장래의 꿈을 옷보다도 더 자주 갈아 입었다.

그러나 나는 많은 사람들 속에서 매몰되고 싶지는 않았다. 보통 사람들과 다른 뭔가를 발견하고 싶었다. 친구들에게도 멋있게 보이고 싶은 단순한 이유와 더불어 자기 표현에 대한 강렬한 욕구를 억제할 수 없던 나는 뮤지션으로 성공하고 싶다는 꿈을 꾸기 시작했고 결국 연예인이 되기로 결심하였다. 연예인에 대한 막연한 동경, 그리고 앞으로 펼쳐질 인생에 대한 기대와 불안…

그 무렵 내 머리를 점령하고 있던 것은 오로지 그것 뿐이었다.

　음악도 좋아서 흠뻑 빠지고 미치도록 연습했지만 음악은 나의 적성과 의욕을 자극한 것이고 실제의 재능은 연기에 있다고 생각 아니 믿고 싶었다. 따라서 장래의 희망은 연기자에 가까웠다. 구체적으로 TV 탤런트가 되고 싶었던 것이다. 안방극장의 스타! 당시 품위 있고 부드러운 연기를 보이는 노주현 씨는 선망의 대상이었다.

　그러나 예상대로 아버지의 반대가 심하셨다. 법학과나 행정학과로 진학하여 공무원이 되기를 원했던 아버지께서는 걱정을 많이 하셨다. 연기나 음악으로 밥벌이를 한다는 것 자체가 아버지에게는 다른 세상 이야기였던 것이다.

　반면에 목사가 되기를 은근히 기대하셨던 어머니는 놀랍게도 별다른 반대를 안 하셨을 뿐만 아니라 말리기는커녕 하고 싶은 것을 하라고 격려를 해 주셨고 완강히 반대하는 아버지를 어머니가 바람막이 해 준 덕분에 나는 원하는 대학, 원하는 전공의 기회를 가질 수 있었다.

영화를 전공하다

　나는 꿈을 이루기 위해 실제적이고 구체적인 계획을 짰다. 일반대학보다 연기자의 양성과 성공에 유리한 대학을 찾은 것이다. 나의 선택은 서울예술대학이었고 시험 성적은 합격하고도 충분히 남을 정도였다.

서울예대는 1962년 동랑 유치진 선생이 설립한 대학으로 60여년 이어온 한국 종합예술의 산실이었다. 현장 중심의 교육으로 한국을 대표하는 예술인들을 많이 배출하였고 현재도 한류의 산실로 성장하고 있다. 그때나 지금이나 연예계의 사관학교 같은 명문이었다.

나는 연극, 영화, 실용음악, 광고 들 중에 심사숙고 끝에 영화과로 가기로 결정하였다. 어차피 배우나 탤런트가 목표가 아니었는가? 영화과 학생수는 40여명. 입학 동기 중에 길용우, 김영선, 이희도, 정성훈 등이, 1년 후배로 훗날 탤런트로 크게 성공한 유동근도 있었다.

교수님들의 전공과목 수업은 연기 실습과 이론으로 흥미로웠고 유익했지만 수업이 없을 때는 동기 선후배들과 경춘선에 젊음을 싣고 청평, 가평에서 연주회도 갖고 대성리 강가에서 텐트 치고 신나게 즐겼다.

당시에 나는 MT 사회도 잘 보고 수준급(?)의 노래 실력으로 친구들 사이에서 늘 모임의 초청 대상 1호였을 정도로 인기가 제법 있었다. 예사롭지 않은(?) 기타 연주로 친구들에게 왜 음악과를 안 가고 영화과로 왔냐고 놀림도 많이 받았다.

그렇다고 학교에서만 활약한 것은 아니었다. 대학 신입생이던 시절 KBS 방송(당시는 남산에 위치)이 주최한 전국노래자랑 대회에서 고교 동창인 김주호와 듀엣으로 노래를 불러 당당히 은상을 받았다.

부상은 대학생에게 어울리지 않은 전기 밥솥이었지만 당시로서는 귀중품으로 어머니에게 기쁨을 드렸다.

또한 방학 때는 충무로의 풍전호텔 지하 1층 나이트 클럽에서 시간제 아르바이트로 역시 김주호와 함께 통기타 연주를 하며 큰 돈은 아니지만 용돈을 벌기도 하였다.

어두운 세태, 어두운 전망

그러나 화기애애한 학내외 분위기와는 달리 학교 밖의 사회의 풍경은 살벌하였다. 내가 대학에 입학한 1975년도는 그때는 몰랐지만 오일쇼크가 닥쳐와 심한 경기불황에 시달렸고 더욱이 사이공이 함락되고 베트남이 패망 되면서 한반도에도 공산화의 위협의 망령이 떠돌던 혼란스러운 시기였다. 사회 분위기는 극히 불안하였다.

시국 사범도 아니고 집회에 참여한 시위자들도 아닌 단순히 장발의 젊은 남자들과 미니 스커트의 여자들도 서슬이 시퍼런 경찰의 단속의 대상으로 파출소에서 구금되거나 사람들 앞에서 힘들게 기른 머리가 깎이는 수모를 겪어야 하는 상황이었다.

당시 박대통령의 유신 정권은 국제정세도 불안하고 국내적으로는 대학생들이 대규모 시위를 벌이며 독재정권에 대한 반발이 심해졌던 탓으로 체제안정을 위해 긴급 조치 발령* 등 강권을 수시로 발동하며 사람들의 권리를 많이 제한하였다.

대학들을 휴교 시키고 동아일보를 휴간시키고 강경 일변도였다. 입학 무렵의 때와는 달리 점차로 면학 분위기도 안 좋았고 대중 문화계에서도 찬 바람이 불고 있었다. 대마초 흡연으로 가수들을 검찰에 구속된 '대마초 파동'이 일어나더니 대중가요들도 퇴폐 운운하면서 수 많은 노래들이 방송 금지곡 처분을 받았다.

그러나 이러한 규제는 시작에 불과했고 유신 정권은 본격적으로 가요, 연극, 영화 부문에 대해 사전 심사를 골자로 하는 노골적인 대책을 발표하였다. 예술 부문의 창작의 분위기는 급격히 식어가고 있었다.

당시 한국영화는 한마디로 빙하기였다. 영화의 소재는 기껏해야 도둑이나 거지 아니면 술집 여자를 다룰 뿐이었고 조금이라도 사회적으로 민감한 주제의 영화는 무자비하게 탄압받았다. 표현의 자유가 극단적으로 제한 되었고 소재도 자유롭게 정할 수 없었던 것이다. 영화계의 실상에 접근한 나의 실망은 커져만 가고 있었다.

돌이켜 보면 물론 재능도 부족하였지만 영화계의 앞날과 탤런트나 배우가 꿈이었던 나의 장래에 점차 회의가 들기 시작하였다. 더욱이 TV 탤런트의 길도 험난하였다. 당시에는 TV 방송국은 겨우 KBS, MBC, TBC 등 공중파 방송국 3개뿐이고 이들 방송국의 공채 외에는 탤런트로 데뷔할 기회는 전혀 없을 정도로 방송국의 영향력은 결정적이었다.

물론 지금과는 비교할 수 없을 정도로 대중문화의 시장규모도 작았지만 그 이상으로 연예인이 되려는 사람들에 대한 장벽은 견고하였고 그 문은 좁았다. 매년 뽑는 공채도 선발 인원들이 누적되면서 그 무렵에는 합격자 숫자도 매우 적었다. 낙타가 바늘구멍을 통과하기보다 어려울 정도였다. 핑계에 불과할지 모르지만 이런 저런 이유로 탤런트에 대한 열정도 서서히 식어 가고 있었다.

 대학 졸업 전에도 학교에 가까운 명동의 호텔과 카페에서 프로의 심정으로 밴드 활동을 간헐적으로 하며 간간이 꿈을 이어 가고 있었지만 어느 날 저승사자처럼 날라 온 한 장의 군 소집영장은 어렴풋이 이어 온 무대 경력을 종식시키기에 충분하였다. 결국 지금의 짧은 복무 기간과 달리 거의 3년에 가까운 군 복무로 내 꿈은 완전히 사라지고 말았다.

 * 긴급조치 9호는 유신 헌법을 반대하거나 왜곡하고 이를 보도할 경우 영장 없이 체포한다는 것이었다.

입영열차

1978년 12월 어느 날 집에서 소집 영장을 받았다.

당시 심정은 올 것이 왔다는 느낌으로 의외로 담담하였다. 1979년 3월 꽃샘추위가 심했던 어느 날 오후 나는 수원역에서 홀로 입영 열차를 탔다. 머리는 이미 깨끗이 밀어 놓았다. 훈련소 앞의 간이 이발소들은 엉망이라고 들었기 때문이었다.

만감이 교차하는 순간이었다. 논산으로 내려 가는 기차의 차창을 통해 바라 본 내 모습은 며칠 전과는 다른 것이었다. 빡빡 머리에 볼품도 자신감도 없어 보였다. 입대 전의 나를 돌이켜 보니 그다지 노력한 것도 아니고 그다지 생각도 깊지 않았던 세월이었다. 후회가 되었지만 어쩔 수 없는 일이었다.

밤 10시에 논산역에 도착하자 헌병과 조교들이 죽음의 사신들처럼 열차 앞에 대기하고 있었다. 논산역에서 훈련소로 이동은 아비규환이었다. 훈련 조교들은 훈련병들의 군기를 잡기 위해 끊임없이 기합을 주었다.

처음부터 어느 곳에서도 '앞으로 굴러, 뒤로 굴러'의 연속이었다. 고등학교 군사훈련 때 일부 경험했지만 차원이 다른 얼차려였다. 그러나 남들이 하니 따라 하는 수밖에 없었다.

나는 훈련소 내무반에서 향도 선임 역할을 맡게 되어 더 바쁜 훈련기간을 보냈고 집에서 가져온 비상금을 어디선가 모두 잃어버려서 훈련기간 내내 눈물 젖은 빵을 먹어야 했다.

한 겨울은 아니더라도 3월초의 논산 훈련소는 별다른 난방시설이 없어 무척 추웠다. 살을 에는 추위에서 겪은 훈련은 예상보다 상당히 엄격하였고 문자 그대로 피와 땀을 흘려야 했다. 6주간의 훈련이 끝나고 바라 본 동료 훈련병들의 쑥 들어간 눈과 각진 얼굴을 보면 대부분 체중이 많이 준 것이 틀림 없었다.

색소폰 병을 아시나요?

자대는 성남 거여동에 위치한 육군종합행정학교(현재는 충청북도 영동군으로 이전, 2011년 11월)의 군악대로 배속되었다. 종합행정학교는 육본 소속의 군 교육 부대로 별칭은 남성대였지만 흔히 종행교로 불리었다. 학교장은 소장이었다.

나는 사회에서 여러 악기를 다룬 연주 경력을 인정받아 군악대로 배속되었다. 예나 지금이나 음대 출신이 아니더라도 실력만 있으면 선발되지만 군악대가 원하는 수준에 이르지 못하면 쉽게 안 뽑히는 곳이 군악대였다.

군악대장의 계급은 소령, 상사가 주임이었다. 현역병은 30여명 정도로 보통은 피콜로 1명, 호른 2명, 트럼펫 4명, 트롬본 4명, 색소폰 4명, 플루트 4명 그리고 타악기로 큰 북 1명, 스자로 북 1명 구성되었다. 나는 색소폰 병으로 배정되었다. 색소폰은 트럼펫과 더불어 군악대 주력 악기였다.

군악대 임무는 훈련병 수료식이나 진급식, 교련 대학생들의 분열과 같은 의전 행사의 지원은 물론 음악제 등 민간 공연 등 끝없이 많이 있었다. 신병 때는 부대 정비 외에도 하루에 10시간 이상 개인 악기 연습 즉 주특기 연습을 하는 강행군의 연속이었다. 입대 후 연주 실력이 놀랍게 향상되는 대원도 많았다.

흔히들 군악대는 화려한 붉은색의 제복도 그렇고 복무가 편한 부대로 오해 받지만 실제로 군악대는 작은 실수도 용납 안 되는 조직이었다. 군악대는 각종 행사 지원 외에도 군대 내의 주요 의전 행사에 참여하는데 대부분 그런 곳에는 높은 분들이 오기 때문이다. 간단한 실수도 치명적인 결과로 이어질 때가 많았다.

따라서 군악대의 군기는 엄정하고 엄청나게 센 편이다. 군악대는 소규모 편제이기에 자체의 군기도 무시무시할 정도였다. 수천 명이 동시에 훈련하는 훈련소는 아무것도 아닌 셈이었다. 고참들의 집합은 일상이었고 단체 기합은 원산폭격으로 시작하여 물 먹인 각목으로 맞는 빠따 세례로 끝나기 일쑤였던 것이다.

군 생활 신병 시절 초반 나는 군대라는 거대한 조직 안에서 하나의 아주 작은 부속품에 불과했다. 내가 결정을 내리고 스스로

할 수 있는 일은 아무것도 없었다. 모든 일에는 상급자의 허락이 필요했다. 이제껏 학교에서나 친구들 사이에서 주도적으로 리드 하던 나의 자존감은 바닥으로 곤두박질쳤다.

그러나 군대에서 크게 얻은 것이 있었다. 바로 인내심이었다. 좋든 나쁘든 온갖 상황을 다 겪고도 전역할 때까지 버티는 게 최선의 선택이니 어쩔 수 없는 결과물이었다. 후에 내가 사람을 이해하고 그 사람들이 이루고 있는 사회를 조금이나마 알 수 있게 된 것도 바로 참고 견딘 군대생활 때문이었을 것이다.

훗날 사회에서 회사에서 어떠한 어려움이라도 참고 견딜 수 있었던 힘의 근원은 바로 군대에서 이루어진 것이었다. 누구나 가기 싫어하는 군대에서도 배울 것은 많은 법이다.

그러나 군 생활이 점차 익숙해지고 편해지고 있었지만 막상 전역이 다가 오면서 졸업이나 취직이 눈 앞의 현실인 것처럼 느껴졌고 그 틈에 배우가 되려는 야망이 낄 자리는 없었다. 나에게 과연 배우로서 재능이 있는 것일까? 과거에 내가 가졌던 나에 대한 이미지는 모든 것이 허상이었다.

03
인연에서 인연으로

結婚

결혼 전에도 결혼 후에도 언제나
변함없이 원만한 결혼 생활을 하게
된 것은 전적으로 아내의 힘이 컸다.
다시 태어나도 나는 대구 아가씨
이향숙과 결혼하고 싶다.

경주에서 서울로

영어에 눈 뜨다

　제대일이 두 달 앞으로 다가 오고 있었지만 군악대는 다른 부대와 달리 소수의 인원으로 운영이 되어 여유로울 때가 거의 없었다. 제대 말년 임에도 내무 반장인 나는 아침에는 대원들의 악기 연습 감독과 낮에는 합주 연습 그리고 교육 편성 그리고 끊임 없이 이어지는 행사지원으로 정신 없이 보내고 있었던 것이다. 하루하루 임무수행하기에 바빠 다른 개인적인 것들을 생각할 시간이나 여유조차 없었고 취직이나 취업은 생각도 않고 있었다.

　마침내 전역을 하고 한가로운 나날이 이어 지고 있었다. 그 무렵 나는 연예인이 되는 것은 현실적으로 어렵다고 느끼고 전공을 벗어나 새로운 것에 도전하는 수 밖에 없는 실정이었다. 그토록 가고 싶었던 연예인의 길. 그 길에서 발길을 돌리게 되자 나에게 남겨진 선택은 비즈니스맨으로서 성공하는 수 밖에 없었다.

　연예인 될 것이 아니면 취직하여 회사원이 될 수 밖에 없다는 것을 냉정하게 인정해야 했다. 여러 가지 쓴 경험을 하면서 깨달게 된 것은 내가 잘난 사람이 아니라는 것이었다.

당시 우리나라의 국가적 슬로건은 '해외 건설' 또는 '무역 입국'이었다. 대학을 졸업한 젊은이라면 모두들 해외로 진출하거나 외국계 회사에서 일하고 싶어 했다. (국내 대기업은 수도 적었고 기지개를 막 키기 시작할 때였다.) 나 역시 그 열기 속에 들어 가고 싶었다. 처음에는 회사에서 일을 배우고 궁극적으로는 해외 유학을 막연히 꿈꾸고 있었다. 그러나 이를 위해서는 무엇보다도 영어의 습득이 필수조건이었다. 앞으로의 시대 상황이나 추세가 영어를 요구하고 있었기 때문이었다.

나는 어린 시절부터 영어에 관심이 많았고 다른 과목보다 성적도 좋은 편이었다. 중학생 시절 자주 마주쳤던 미군 병사들, 고등학생 때 열심히 따라 배웠던 팝송들 그리고 육군종합행정학교에서 자주 만난 미군 통역 장교들. 나와 영어 사이의 인연도 꽤 깊은 편이었다.

당분간 나는 모든 집중력을 영어 공부에 쏟기로 결심했다. 독학으로 두 달여 공부를 열심히 하고 있을 때 새로운 기회가 왔다. 우연히 알고 있던 월 메스라는 미군 군정 목사의 소개로 의정부의 미 제 1군단 캠프 스탠리의 장교식당에서 일하게 된 것이었다. 하늘이 준 마지막 기회라고 여겼다. 그곳에서는 실질적인 영어를 배울 수 있었기 때문이었다.

당시는 요즘과 달리 실용 영어를 접할 수 있는 곳이 거의 없었다. 주한 미군 대상의 AFKN 방송은 있었지만 네이티브 강사는 물론 외국인도 쉽게 만날 수도 없고 영어 교재나 테이프도 한정적이었던 시절이었다.

실제로 현지에서 사용하는 영어를 더 익히기 위해 장교들과 친해지려고 친절을 베풀며 노력을 기울였다. 얼마 지나지 않아 미군 장교들과 대화를 나눌 수 있는 수준에 이르렀지만 만족할 순 없었다. 그곳에서는 형식적이고 한정된 영역의 영어 밖에 소통이 안되었기 때문이다. 나는 더 실력 향상을 기대할 수 없게 되자 새로운 도전에 나서게 되었다.

호텔리어가 되어

어느 날 신문을 보던 중 특이한 공고가 눈에 띄었다. 경주호텔학교의 신입생 모집이었다. 순간 '이것이다'라고 느끼고 무릎을 쳤다. 영어를 더 배울 수 있고 영어가 필요하고 영어를 활용 할 수 있는 분야에 대한 도전이 될 수 있었기 때문이었다. 더욱이 학비까지도 장학금 수령으로 무료였다. 그 동안 나름 영어공부를 열심히 한 탓일까? 입학시험은 수월하게 통과 할 수 있었다. (1981년 5월 18일 입학)

경주호텔학교는 1년 과정으로 학생 전원이 독자적인 학교 기숙사에서 생활을 해야 했다. 제대한 지 얼마 안 된 나는 또다시 단체 생활을 하는 것이 꺼려졌으나 다른 선택이 없었다.

경주호텔학교는 아직 낙후된 국내 호텔산업의 발전을 위해 국제 경쟁력을 갖춘 전문 인력 양성을 목표로 설립된 학교였다.

(1977년 개교) 객실 관리과, 양식 조리과, 식당 관리과 등 몇 개의 교육 과정에 250명의 교육원생들이 1년동안 영어, 일어, 프랑스어 등 외국어 학습과 조리 이론 실습, 메뉴 해설, 식음료 이론과 실습, 호텔관리개론, 관광법규 등 전문과목과 교양과목을 수강하였고 호텔 현장 실습도 병행하며 공부하였다.

깊이가 있는 전문적인 내용도 다루는 분야도 많았는데 호텔사관학교같은 교육기관이었다. 강사들도 학생들도 열심히 공부하는 분위기로 즐거운 경험이었다.

나도 덩달아 새로운 분야와 새로운 분위기에서 새로운 마음으로 심기일전하여 공부에 집중할 수 있었다. 특히 좋은 선생님들이 많았던 영어와 일본어 학습에 더욱 집중하였다. 뒤에 나오지만 나는 경주호텔학교를 다닌 인연으로 나중에 아내까지 얻었으니 다른 의미에서라도 무척 고마운 학교라고 할 수 있을 것이다.

과도한 열정

현재 한국의 호텔산업은 질과 양에서 유례 없는 빠른 성장을 이루었지만 1980년대 초만 해도 방한하는 외국인 관광객이 드물었던 시기로 국내에서는 특급 호텔은 물론 중간 규모의 호텔도 거의 없던 시절이었다.

그러나 1988년 서울올림픽의 유치 성공으로 정부는 서울을 국제도시로 알림과 동시에 호텔 건설에 박차를 가하던 시기이기도 하였다.

나는 경주호텔학교를 졸업하자마자 서울의 조선호텔을 지원하였다. 당시만 해도 조선호텔은 국내 최고의 호텔이나 다름없었다. 한국 제1호 호텔로 역사는 가장 오래 되었고 전통이나 서비스는 새로 생긴 후발 호텔들과는 그 수준이 달랐다. 국빈들도 주로 조선호텔에서 머물렀고 외국의 외교관이나 사업가나 해외 바이어 등 VIP 들이 주로 찾는 호텔이었다.

무난히 합격통지를 받고 조선호텔에 입사하였다. 프론트 업무가 내게 떨어진 첫 번째 임무였다. 조선호텔은 나의 첫 번 째 정규 직장이었다. 대학생 때부터 여러 곳에서 많은 아르바이트를 경험했지만 정식으로 큰 무대에서 일하는 호텔맨이 된 것이었다.

나는 프론트에서 시작했지만 모든 부문의 일을 배우고 싶었다. 총지배인이 꿈이었기 때문이었다. 나는 마케팅 홍보, 영업, 식음료 F&B, 여행사 여신 등 다양한 업무를 자청해서 배우며 일했다. 지금 생각해도 놀라운 열정이었다. 식음료 부문의 경험을 쌓으려고 근무 시간외에 호텔의 이탈리안 레스토랑 나인스 게이트 Ninth Gate에서 더 일하고 싶다고 요청했고 허락을 받았다. 하루 8시간씩 추가 근무였지만 무보수의 조건이었다.

이러한 일 욕심과 근무조건을 채우려면 집에서의 출퇴근 길은 멀고 힘들었기에 입사 1년 후부터는 아예 사내 숙소에서 잠을 자야 했다.(호텔 입사 후 집에서 독립해 미아리 고개의 낡은 자취방에서 통근하고 있었다.)

이러한 나의 무차별적이고 전방위적인 노력이 통했을까? 나에게 좋은 인상을 받은 미국인 총지배인 야꼽은 사람들 앞에서 공개적으로 나의 장점과 열정을 인정해 주었고 고맙게도 짧은 시간에 여러 번 승급을 시켜 주었다.

그러나 급여도 괜찮았고 기억에 남을 만큼 좋은 추억도 많았지만 막상 호텔의 업무는 어느 부서라도 단순하고 반복적인 일의 연속이라 쉽게 터득할 수 있었고 크나 큰 흥미는 이어 질 수 없었다. 조선호텔이 아무리 국내 최상급 호텔이더라도 사정은 마찬가지였던 것이다.

무엇보다 호텔에서 계속 남아 있으면 오랫동안 꿈꾸던 해외유학을 포기하게 될까 두렵기도 하였다. 호텔에서 일을 하게 된 것도 영어를 자유자재로 하기 위해서가 아니었는가? 더 큰 무대에서 더 도전적인 일을 하고 싶었다.

친구처럼 아내처럼

사실 나는 대학시절 때도 그랬고 제대 후에도 결혼은 물론 연애에 대해서도 커다란 흥미가 없었다. 고등학교 시절부터 음악에 열중했고 제대 후에는 영어 공부에 몰입했던 탓도 있지만 기본적으로 마음에 드는 여인이 나타나지 않았기 때문이다.

1981년 여름, 나는 휴일에도 외출하지 않고 학교 기숙사에서 모처럼 학업에만 매진하고 있었다. 그러 던 어느 날 한 여인이 요정처럼 나타났다. 선배 소개로 만난 대구 출신의 얌전한 여인 이향숙. 널찍한 보문호수 앞의 도큐호텔의 도자기 판매 매장에서 일하는 아가씨였다. 내 나이 스물 일곱이고 내가 본 여자 중에서 가장 예쁜 사람이었다.

처음부터 우연인지 인연인지 나는 그녀에 끌렸고 만나는 순간 딱 이 사람이라고 여겼다. 천생연분이란 이런 것이 아닐까? 그녀에게 처음 대뜸 느껴지는 것은 봄비 같은 촉촉한 정감이었다.

나이는 내가 한 살 위였지만 공교롭게도 아내는 경주 호텔 학교 1년 선배였다. 그러나 첫 대면에 무슨 말을 해야 할지 모르고 별다른 화제거리를 찾지 못한 우리는 서로 어색하게 한 시간쯤 대화를 나누다 헤어졌다. 차분하고 조용한 성격의 아가씨로 대화를 나누다 보니 그녀도 나처럼 평범한 집안에서 장녀로 자란 것 같았고 부모에게 효녀였다.

그러나 우리의 데이트는 오래 갈 수가 없었다. 내가 학교를 졸업하고 취업을 위해 서울로 올라가야 했고 아내도 직장 때문에 경주에 계속 남아야 했기 때문이다. 그러나 장래를 약속하지는 못했지만 멀리 떨어져도 인연이 끊어지지는 않을 것 같았다. 헤어져 있어봐야 사랑을 알 수 있는지도 모르겠다. 이때부터 장거리 데이트가 시작되었다.

1982년 여름부터 2년여에 걸친 순애보였다. 1주일에 1번씩 나는 서울에서 버스로 경주로 내려갔고 매주 같은 요일, 같은 시간, 같은 장소에서 아내의 7시 퇴근을 기다렸다. 데이트는 주로 차를 마시거나 식사를 하거나 가끔 영화를 보는 정도였지만 1주일에 한 번이라 만날 때마다 가슴이 설레었다.

아내는 학교 선배이자 취업 선배라고 우기며 데이트 비용을 대부분 내주었다. 인내심과 배려심이 많은 여인이었다. 나는 데이트를 하면서 많은 위안을 받았고 장래의 진로에 대한 흔들렸던 마음의 평정도 되찾았다.

제3부 운명적인 만남

결혼 후에도 아내의 따스한 배려와 지극한 정성은 단 한 번도 변함이 없었고 언제 어디서나 무엇을 하든 든든한 버팀목이 되어 주었다.

　당시는 20대 후반에는 특히 여자는 결혼을 해야 하는 것이 풍조였고 더 이상의 데이트는 무의미하다고 여기고 결혼을 결정하였다. 1984년 9월 15일 결혼식을 종로의 기독교 회관에서 올리고 부산 해운대로 신혼여행을 떠났다. (본사에서 혜택을 받아 조선 비치 호텔을 이용하였다.)

　결혼 전에도 결혼 후에도 언제나 변함없이 원만한 결혼 생활을 하게 된 것은 전적으로 아내의 힘이 컸다. 다시 태어나도 나는 대구 아가씨 이향숙과 결혼하고 싶다.

일본을 택하다

　직장에서도 안정을 찾고 있었고 예쁘고 착한 아내까지 얻었지만 앞으로의 목표를 다시 생각해야 할 시기에 접어 들고 있었다. 나는 연예인의 꿈을 포기한 다음부터는 막연하게나마 스스로 회사를 창업하거나 직장에서라도 반드시 최고 경영자가 되겠다는 미래를 꿈꾸고 있었다. 어린 시절부터 기본적으로 무엇을 하더라도 내가 주도를 해야 하고 내가 책임지는 성격 탓이라고 생각한다.

　어쨌든 새로운 전기가 필요하였다. 현재의 공부와 경험으로는 미래도 보이고 한계도 보이기 시작하였고 국내에서 더 얻을 수

없다면 유학을 가는 수 밖에 없었다. 그리고 호텔 업계라면 기왕 갈 바에야 미국이나 유럽지역을 가고 싶었다.

마침 국비로 해외로 유학 갈 수 있는 장학제도가 생겼다. 마치 사막에서 오아시스를 찾은 것처럼 기쁜 뉴스였다. 아주 좋은 기회였고 기쁨과 희망이 마음속을 교차하였다.

어렸을 때부터의 꿈인 해외 도전을 벅찬 가슴으로 받아 들이며 내 삶의 새로운 장을 열기로 마음 먹었다. 동반자인 아내도 있지 않은가? 나는 아내와 함께 이 길을 도전하려고 결정하고 아내와 상의하자 고맙게도 동반 유학을 순순히 따라 주었다.

그러나 우선은 일본으로 가야만 했다. 아직 국비 장학생 제도의 초기라 전공과 지역의 선택이 한정적이었기 때문이었다. 국비 장학금으로 등록금 및 학비를 면제를 받고 일본의 저명한 연극

극단인 히코센 飛行船의 월 2만엔 정도의 생활비 지원으로 동경의 센슈대학 專修大學 경영학부(아내는 무코가와 武庫川 여자대학 일문과)로 유학을 가게 되었다.

그러나 당시 심정은 일본은 잠시 징검다리 정도였고 최종적으로는 호텔 전문 인력 양성 학교로 세계적으로 유명한 스위스 코넬 대학교가 목적이었다. 나의 유학은 국내에서 성공하기 위한 유학이었다

그러나 결혼식을 올린 지 두 달도 채 안되어 아내의 손을 잡고 유학을 떠나려 하니 여러 가지 착잡한 생각이 들었다. 장학금으로 떠나는 유학이었지만 일본으로 가는 길은 반드시 희망으로 가득 어우러진 것은 아니었다. 너무 늦은 나이에 도전 하는 것은 아닌가? 나의 일본어 실력으로 충분할까? 훌쩍 나이가 들어 보이는 부모님도 걱정이고 요즘과 달리 사전에 해외 경험을 전혀 할 수 없었던 시절 첫 번째 외국 생활도 감당할 수 있을지도 불안하였다. 그러나 현실적으로 나 스스로 모든 시련과 고난을 극복해야만 했다.

04
일본 유학 시절

留學

20대 중반부터 10여년을 공부하고
일과 생활을 한 무대였던 일본은
나의 인생과 사업에 여러모로
큰 영향을 끼쳤다.

11월의 나리타 공항

11월 초답지 않게 한기마저 느껴지던 어둑어둑한 저녁 동경의 나리타 공항에 도착했다. 나리타 공항을 보니 김포공항은 시골역 같은 느낌이었다. 어둠은 점차로 짙어져 갔다. 아내와 내가 가지고 간 것이라고는 여행가방 2개와 현금 20만엔 그리고 일본에서 새로운 도전을 해 보겠다는 부푼 희망뿐이었다. 다행히 공항에까지 마중 나온 경주호텔학교 동창인 차병훈이 웃는 낯으로 나타났다. 스카이 라인을 타고 동경역으로 그 후에도 여러 번 환승하여 히가시 나카노 역에 도착하였다.

우리 부부가 기거할 집은 사카미 莊의 방이 두 개인 2LDK 맨션이었다. 일본에서 맨션은 고급주택의 의미가 아니고 한국의 연립주택과 비슷한 개념으로 LDK는 방, 거실, 부엌을 통합적으로 지칭한다. (2LDK는 방이 두 개에 거실과 부엌이 연결되는 일체형의 구조). 거꾸로 한국의 맨션은 일본에서는 아파트를 의미한다.

방들은 작고 약간 쌀쌀했지만 창 밖으로 차가운 바깥 풍경이 보였기 때문인지 아늑하게 느껴졌다.

집에 도착하여 간단히 짐을 정리하고 차병흔과 함께 술을 마셨다. 가벼운 마음으로 시작했지만 긴장이 풀리며 부드럽고 달콤한 일본 소주에 인사불성이 되어 다음 날 일어나지 못할 정도였다. 두고두고 아내로부터 놀림을 받았다. 또 하루가 지나 깨어 보니 아내는 거실의 형광등을 설치하고 있었다. 일본의 렌탈은 임차인이 정비나 수선을 모두 해야 했다. 또한 마에낑이라고 6개월치 월세를 미리 내야 하는 등 까다로운 것이었다. 어쨌든 우리의 신혼은 동경에서 보낸 것이나 마찬가지였다.

춥고 더운 아파트

1984년 동경의 겨울은 심정적으로나 실제로나 황량하고 쓸쓸했다. 동경은 눈도 안 오고 서울 보다 따스한 곳이었지만 집에만 들어가면 뼈 속까지 냉기가 느껴질 정도로 춥다.

얇은 벽돌과 창문 샤시를 통해 찬 바람이 무자비하게 들어 오고 다다미에서도 찬 바람이 불어 겨울에는 이가 덜덜거릴 정도로 춥다. 우리처럼 2중 창문과 온돌 같은 것이 없고 코타츠라는 탁상 난로 같은 것이 달랑 한 개 거실에 있을 뿐이었다. 반면에 여름은 습기도 많고 무척 더웠다. 허술한 창문과 벽의 구조는 여름을 조금이라도 시원하게 보내기 위한 것이라 생각한다. 일본 사람들은 여름에는 덥고 겨울에는 집이 추운 것을 당연하다고 생각한다. 과거나 현재나 개선할 생각도 새로운 난방의 설비를 설치할 줄도 모르는 것 같다.

명문 센슈대학

그러나 집은 춥고 마음도 외로웠지만 불평만 할 순 없었다. 나는 젊었고 아내가 있었고 도전할 대학이 있었기 때문이다.

내가 입학한 센슈대학 **專修大學**은 동경의 간다에 있는 사립대학으로 그 무렵에도 이미 100여년 가까운 유구한 역사의 대학으로 일본에서는 5대 법학 대학 중의 하나였다. 그래서인지 학교 규율은 예상보다 엄격하고 학사 관리도 철저하였다. 첫 인상의 센슈대학은 유서 깊은 교사와 현대식 건물들이 잘 어울려져 있

센슈대학 전경

었고 특히 도서관과 구내식당의 깨끗했던 인상 외에도 무엇보다도 길이나 장소를 물어 보면 끝까지 따라 가서 가르쳐 주는 사람들의 친절이 기억에 남았다.

내년 4월 입학을 기다리며 틈틈이 일본어 공부와 아르바이트를 하며 겨울을 보냈다. 나의 일본어 실력은 경주호텔학교에서 일본인 노 강사들에게 기본을 배우고 조선호텔에서 일본인 숙박객들을 대상으로 실전 일본어를 경험했지만 아직 부족한 점이 많았다. 일반적인 대화는 소통이 가능했지만 TV에서 나오는 내용은 반쯤 이해될 뿐의 수준이었다.

전공은 경영학이었지만 부전공으로 컴퓨터 프로그램을 공부하며 당시 첨단을 달리던 도시바나 NEC 컴퓨터의 구조나 기초적인 캐드 사용법 등도 배울 수 있었고 세계 최초로 출시된 워드프로세서도 처음 경험 할 수 있었다. 아직 한국에는 도입되기 전의 것들이었다. 그 당시만 해도 일본이 컴퓨터와 IT 부문에서는 세계를 선도하고 있었던 것이다

학교의 시험은 주로 논술식 시험이었고 기말 시험이 중요하였다. 나는 아내와 함께 열심히 공부했지만 시험 성적은 늘 아내가 우수하였다. 아내는 교과 과목 뿐만 아니라 일본어 능력도 항상 나보다 한 걸음 앞서 아니 훨씬 뛰어난 상태였다. 쑥스러웠지만 여자들이 어학에 더 능력이 있을 뿐이라고 스스로 위안을 삼을 뿐이었다.

학교에서는 학생들과는 나이차 때문에 서로 교류하기가 쉽지 않았고 오히려 교수들이나 젊은 강사들과 잘 어울렸다. 지도교수님은 친절하게 대해 주었고 강사들과는 자주 이자카야에서 술을 마시고 장소를 옮겨 또 마셨다. (술자리가 1차 2차 3차로 이어지는 것은 일본문화의 영향인 것 같았다.) 유학초기에는 누구나 마찬가지겠지만 나도 모든 것에 새롭게 적응해 나가야 한다는 불안감과 외로움 때문에 자주 그들과 어울리며 한일관계를 포함해 다양한 주제로 열띤 토론을 벌였다. 물론 대화가 깊숙이 들어가 어려운 단어가 출현하면 합석했던 아내의 도움이 필요했지만.

낮에는 책을, 밤에는 철판을

만만치 않은 집세에 턱 없이 비싼 전기료, 수도료 그리고 교통비 – 지하철 1개월 패스는 학생 할인권으로도 2,000엔이 넘었다. 당시 서울의 지하철 요금이 편도 150원에 불과했으니 동경의 지하철 요금은 체감상 10배는 비싼 것 같았다.

당연히 장학금으로 받는 한 달 2만엔은 턱없이 모자랐고 부족한 생활비를 벌기 위해 야끼니꾸 식당에서 아르바이트를 해야 했다. 당시엔 주로 교민들이 야키니꾸 식당을 많이 운영 하였다. 나는 주방에서 철판을 닦거나 홀에서 서빙을 하였는데 시급은 700엔이었다. 일본에서는 식당 아르바이트라도 일을 대충 할 수도 없고 해서도 안되었다. 까다로운 점장을 만나면 작은 실수도

용서받을 수 없었기 때문이다. 일본은 철저한 갑을 사회로 상급자의 갑질은 일상인 편이었다.

더욱이 당시에는 일본 식당에 고무장갑도 없어 맨 손으로 철판을 닦다 보면 내가 지금 무슨 짓을 하는 것인가 하며 처량한 신세를 한탄한 적도 많았다. 한때 배우를 꿈꾸고 거의 목표를 이룰 뻔 했던 내가 아니었는가?

그러나 현실은 냉혹했다. 낮에는 공부하고 밤에는 닥치는 대로 이것저것 아르바이트를 할 수 밖에 없었다. 6개월쯤 식당에서 아르바이트를 한 다음 신주쿠의 한국 클럽에서 매니저로 1년 이상 일했는데 이때 살아있는 일본어를 확실하게 배울 수 있었다. 일본 체류 7~8년 동안 돈도 없었지만 그 보다 시간이 없어 동경에서 관광을 제대로 한 적이 없을 정도였다.

이어지는 문화 충격

1980년 대 중반 일본에서 공부와 생활을 병행하면서 느낀 점이 많았다. 일본에 오기 전 조선 호텔에서 근무할 때 자주 보던 일본인들이 왜 잘 사는지 확인하고 싶었고 일본의 사회, 문화, 비즈니스 등을 제대로 연구하고 한국에 돌아가 활용을 할 각오였다. 이를 악물고 하나하나 배웠다.

문화적 충격도 컸다. 큰 대로는 물론 동네의 골목길에도 쓰레기 하나 없는 깨끗한 거리와 반듯반듯한 도로의 블록을 보고 감탄했다. 사람들은 친절하고 절도 있어 보였다. 언제 어디서나 아리가토 고자이마스, 스미마셍을 연신 외치며 공공장소에서 큰 소리를 내지 않았다. 길거리의 사람들도 백화점의 점원은 물론 식당이나 책방 아니 어느 곳의 직원들에게 뭘 물어봐도 한결 같이 친절하게 대응하는 모습도 놀라웠다.
빠르고 일사불란하게 대응 매뉴얼 그대로 단 한 글자도 빠짐없이 마치 앵무새처럼 말하며 고객들에게 대응하는 모습도 인상적이었다. 이런 모습들은 당시 투박하고 불친절했던 국내의 서비스 종사자들의 태도와는 대조적인 것이었다.

먹는 것도 풍부하고 종류도 다양하고 심지어 입맛에 맞기까지 하였다. 아직 국내에서는 식당이나 패스트푸드의 프랜차이즈가 본격적으로 들어 오기 전이어서 더욱 그러했던 같다. 동경에는 부자에서 중산층, 가난한 서민들까지 저마다 맛있게 먹을 수 있도록 등급별 식당들이 층층이 있었다. (돈부리 덮밥은 200엔 우동 60엔 정도로 충분히 먹을 만하였다).

평범한 동네에도 꽤 수준 높은 프랑스, 이탈리아 레스토랑이 있었던 것도 신기하였다. 당시 서울에서는 조선호텔 같은 특급호텔에서만 있었기 때문이었다. 또한 한국에서는 커피 자판기 밖에 없던 시절이었지만 일본에서는 어딜 가도 다양한 물건의 자판기가 어디에든 널려 있었다.

개인적으로 일본의 맥주(우리보다 도수가 1도 정도 높았지만)와 커피, 빵 그리고 식당에서 먹는 밥(고시히카리)이 맛있었다.

가장 큰 충격은 일본에 대한 모방이었다. 전기제품 또는 슈퍼마켓의 과자나 음료수들은 물론 심지어 TV의 광고나 예능 프로그램조차 대부분 모방한 것을 알고 실망했던 기억이 있다. TV 방송국도 우리는 3개밖에 없었지만 일본은 국영인 NHK 방송을 비롯 6개의 민간 지상파 방송국이 24시간 내내 흥미로운 프로그램을 송출하고 있었다. 최근에 일본에 한류 붐이 불어 일본 사람들이 한국의 팝 음악, 영화, 드라마, 음식을 찾는 것을 보면 격세지감이다.

물건도 풍요로웠다. 전기 전자 제품의 전문 상가는 물론 할인점, 마켓 등 어디에든 물건이 넘쳐 났다. 새로운 상품뿐만 아니라 아직 쓸만한 물건도 재활용품 처리장에 그대로 있었다. 한 번은 동네 재활용품 처리장의 헤어드라이기가 거의 새것처럼 보여서 가져왔다가 아내에게 구박을 들은 적도 있었지만 아내도 깨끗하고 아기자기한 문화와 안전한 일본 생활에 만족하고 있었다.

빛과 그림자

모든 것이 새로웠다. 이런 것이 선진국이라는 것인가? 요즘은 우리 나라도 선진국이라는 평가를 많이 받지만 그 당시만 해도 개발도상국의 딱지를 간신히 뗄 때였고 체감상 일본은 한국에 비해 30년은 앞섰다고 느낄 정도였다.

그러나 일본의 모든 것이 부러웠던 것은 아니었다.

실제 일본인은 친절하고 질서를 잘 지키고 남에게 폐를 끼치는 행위를 삼가 하는 것으로 잘 알려져 있지만 이는 형식적인 것이고 시민의식이 높아서라기 보다는 집단에서 배척되는 두려움 때문이라고 생각한다. 이러한 심리적인 전통이 일본인들로 하여금 집단의 룰이나 질서를 중요시 여기게 하였고 자신의 생각을 숨기는 것이 남에 대한 배려와 예의라고 받아들인 것이었다. 무릇 진실된 마음으로 남을 배려해야 하지만 일본인들의 친절은 사회와 조직의 구성원으로서 남들의 시선, 따돌림이 무섭기 때문에 억지로 하는 것이었다. 동전의 양면과 같은 것이었다.

조직의 상사나 고개들한테는 지나칠 정도로 깍듯하고 심지어 굴종적이기까지 하지만 외부인들한테는 달랐다. 식당에서도 젊은 남자 고객이 나이 든 종업원에게 쉽게 반말을 한다. 어디서나 힘의 갑을 관계가 그들의 생리로 심지어 나이 든 사람한테도 그러한 태도는 변함이 없는 것이었다. 아버지나 교수님 앞에서도 맞담배를 피우거나 연장자들 앞에서 고개도 돌리지 않는 채 술을 마시는 습관은 일본의 철저한 사회적 갑을 관계에서 볼 때는 애교에 불과한 것이었다. 씁쓸한 느낌이었다.

못다한 일본 이야기들

  20대 중반부터 10여년을 공부하고 일과 생활을 한 무대였던 일본은 나의 인생과 사업에 여러모로 큰 영향을 미치게 되었다. 일본은 적은 아니지만 좋든 싫든 강력한 경쟁상대임에 틀림없다. 따라서 그들에 대한 문화, 비즈니스, 풍습들이 어떠한 맥락으로 이어져 있는지를 안다는 것은 큰 힘이며 무기이다.

  그럼에도 불구하고 우리는 일본을 너무도 외면하고 지나치게 거부하거나 한편에서는 무턱대고 일본의 좋은 점만 강조하는 경향이 있다. 이러한 극단적인 일본에 대한 시각이 두 나라 관계의 정신적인 교착의 원인이라고 생각한다. 현재 한일간의 불신의 골이 점점 깊어 지는 원인이 서로 자신의 가치를 척도로 상대를 평가하기 때문이다. 일본은 과대평가도 과소평가도 해서는 안 된다. 일본인들이 우리를 어떤 식으로 생각하든 그것은 그들의 일이고 우리는 일본을 객관적으로 이해하는 것이 중요하다고 생각한다.

  한국은 산업구조는 물론 최근 화두로 떠오른 고령화 문제까지 신기할 정도로 일본을 따라 가고 있다. 따라서 일본의 장점은 물론 단점, 그리고 단점을 장점으로 바꾸는 과정까지 일본의 경험에서 많은 지혜를 얻을 수 있을 것이다. 유

학시절과 그 후의 사업의 과정에서 겪은 일본에 대한 부분적이고 주관적인 단상을 몇 편을 남기려고 한다. 개인적인 의견이고 주로 과거 8,90년대 유학시절에 겪고 들은 사실과 평소 일본에 대한 지식을 바탕으로 써보았지만 시간적으로 과거의 일이기에 반드시 정확하지 않을 수 있다는 점은 사전에 양해 바란다.

정형화된 서비스

어느 식당에서 1500엔짜리 점심을 마치고 계산대에서 1만엔권을 내민다. 잠시 후 "네 1만엔 받아 보관합니다. 기다리셨습니다. 9천엔 돌려 드립니다." 일본의 식당, 백화점, 마트, 편의점 어디에서나 흔히 볼 수 있는 판에 박힌 듯 똑같은 풍경이 반복적으로 연출된다. 어쩌면 일본 전국 대도시나 소도시, 시골 어디서나 그렇게 똑같이 절도 있고 예의 바른 말, 똑 같은 단어들과 규격화된 말을 또박또박 할 수 있을까?

맥도널드 햄버거 하우스나 혹은 카페에서 일하는 아르바이트로부터 주유소, 동네 마트, 이자카야의 직원에 이르기까지 일본인들은 어쩌면 그렇게 규격화된 멘트를 할 수 있을까? 군대 가는 사람도, 당연히 예비군도 민방위도 없는 일본이기에 철저히 훈련된 그들의 규칙적인 행동과 말은 더욱 놀랍다. 어쨌든 서비스업에 있는 일본인들은 일에 대해 피로를 느끼지 않는 것 같다.

기본에 충실한 나라

한 번이라도 가 본 사람은 쉽게 알 수 있는 것이다. 일본에서는 지진이나 태풍 같은 자연재해가 많다보니 여기저기서 안전과 그를 위한 규칙에 늘 신경을 쓴다는 것을 느낄 수 있다. 도로의 공사 현장만 보더라도 흔히 한국에서 보는 상황과는 사뭇 다르다. 가장 눈길을 끄는 것이 공사 현장에서 일하는 인부들의 옷차림과 장비들이다. 같은 색의 작

업복, 노란색 안전헬멧, 허리벨트, 안전띠, 작업신발 등 머리부터 발끝까지 규정대로 철저하게 갖춰 입은 모습을 볼 수 있다. 안전모도 턱 끈으로 단단히 고정시켜 쓰고 있고 작업을 하고 있다.

게다가 공사 자재의 정리정돈도 매우 잘 되어 있고, 안전 펜스나 안내문 등도 빠짐없이 깨끗하게 갖추고 있다. 보행자의 우회 도로에서는 안전요원이 정중한 자세로 계속 인사하며 안내를 하는 등 어느 하나 부족함이 없는 완벽함에 놀랄 것이다. 저 정도 가벼운 공사를 하는데 안전요원이 저렇게 많이 필요할까라고 느껴질 정도로 안전을 최우선으로 생각한다는 것이 느껴진다. 안전요원이 많으면 인건비 부담이 늘어나서 시행사측에서 보면 그다지 도움이 되지 않을 텐데 걱정해 주는 것은 나 같은 한국인뿐이었다.

분화와 전문화

주임 등의 명찰을 달고 "이랏샤이마세"를 연발하는 초밥집이 일본에는 드물지 않다. 종업원이 4~5명인데도 대체로 주임과 같은 관리자 같은 계급이 있다. 초밥을 만드는데 무슨 주임인가 싶지만 이 세계에서의 주임은 적어도 15년 이

상의 각고 끝에 잡은 훈장이나 마찬가지다. 누구나 그 훈장을 얻을 수 있는 것도 아니다. 많은 경쟁자들과 다년간 겨루다가 따낸 자랑스럽고 보람 있는 직책인 것이다. 초밥집뿐만 아니라 소규모 주유소, 미장원, 슈퍼마켓에도 계급이 없는 곳은 드물다. 그리고 모든 직원들이 그 계급에 절대적으로 복종한다. 과거처럼 아주 심하지는 않지만 아직도 일본사회에서 기업간 전직이 드문 것은 어느 기업이나 정착되어 있는 이 계급 때문이며 계급으로 얽매인 일본적 인간관계의 속박 때문이라고 본다.

이러한 서열의식은 능력주의를 감퇴시킨다고도 하지만 서열 편중의 바탕에는 일본인에게 뿌리 깊은 소박한 능력 평등관이 있기 때문이다. 즉 일본인은 개인의 능력의 차이나 노력의 차이에도 물론 주목하지만 그것을 뒤집으면 누구나 하면 된다는 신념도 뿌리 깊이 박혀 있다. 따라서 능력 평등을 전제로 하기 때문에 결국은 개인의 능력과 직접 관계 없는 생년월일, 입사 연도와 같은 요인으로 구별하고 오래 성실하게 일하는 사람이 진급하는 것이다.

리액션

일본인들과 애기를 하다 보면 그들은 리액션을 잘한다. 예를 들어 "스고이", "스바라시", "나루호도" 또는 평범한 화제임에도 놀라운 듯 반응하면서 "에에에" 하며 맞장구를 계속 잘 쳐 준다. 따라서 자신의 이야기를 아주 흥미 있게 공감하면서 들어주고 있는 거라고 생각하고 상대는 신나서 계속 이야기를 하게 된다.

그러나 일본인들은 자기와 전혀 반대의 생각, 대립된 생각을 가지고 있는 사람이 말하는 것에 대해서도 전혀 불편한 내색을 하지 않고 맞장구를 잘 쳐주며 리액션을 풍부하게 보여 주는 것이 일반적이다. 많은 한국인들이 이에 속아서 이 사람이 나의 이야기에 완전 빠져 내 의견에 100% 찬성하고 있구나 하며 착각을 하는 경우가 많다. 자신의 느낌은 물론 정치적인 신념, 이념, 사상과는 전혀 상관없이 일본인들은 일상생활에서 전혀 반론을 제기하지 않고 반대되는 사람 밑에서도 일을 하고 찬성하는 척 하는 모습을 능숙하게 보여 주는 것이 일본인들이다.

일본인의 겉과 속

일본인에 대해서는 '혼네'(속마음)와 '다테마에'(겉표현)가 다르다고 한다. 소위 이중적 인간이라는 뜻이다. 속 마음과 겉의 표정은 일본인 뿐 아니라 한국인에게도 있고 어느 민족에게도 있지만 주로 체면과 양보 등의 유교사상의 영향을 많이 받은 일본인과 한국인에게 강하게 나타나고 특히 일본인들에게 심하다. 한국인은 저항적이고 직설적이기 때문에 순종적인 일본인에 비해 덜 나타나는 것뿐인지도 모른다. 일본인들에게 이러한 이중성향이 유별나게 나타난 원인은 역사적 환경에 기인한 바가 크다.

일본이 100여개로 나뉘어서 100년 이상 싸우던 전국시대에는 자기 의사를 분명히 밝혀서는 살아 남을 수가 없었다. 옆에 있는 A와 B가 전쟁을 하면서 양쪽에서 다같이 지원을 요청해 오는 경우 A가 나와 가깝다든가 인척관계라고 해

서 A를 지원했다가 만약 B가 승리하는 경우에는 A와 함께 멸망하게 되는 것이다. 따라서 A와 B가 다 함께 지원을 요청해 오는 경우 애매하게 대답하거나 일단은 양쪽에 다 긍정적으로 대답을 해 놓고 추이를 지켜 보다가 어느 한쪽이 결정적으로 우세해지면 거기에 가담해야 살 수 있었던 것이 전국시대의 논리였다. 전략의 문제가 아니라 생존의 문제일 정도로 절박한 문제였던 것이다.

이러한 역사적인 유전인자를 물려받은 일본인들은 자신의 생각을 숨기는 것이 남에 대한 배려와 예의라고 생각하고 "고맙습니다", "죄송합니다"를 연신 외친다. 또한 이러한 연유로 공공장소에서 고성방가를 하지 않는 것 역시 일본사회의 특징이다. 한국사람이 봤을 땐 한국사회가 최고처럼 보이지만 일본인의 눈에는 예의 없게 보이고, 일본사람이 봤을 땐 일본사회가 최고처럼 보이지만 한국인의 눈에는 자기 주장도 제대로 못하는 한심한 사람으로 보이는 것이다.

안 변하는 나라

최근에 일본의 사무실에서 아직 플로피 디스크를 사용한다는 말에 놀랐던 적이 있었다. 플로피 디스크라면 내가 일본에서 공부할 때 처음 쓰던 용품 아닌가? 아직도 일본에서는 신용카드보다는 현금을 훨씬 더 많이 사용하고 도장과 팩스를 사용한다고 한다. 더욱이 일본에서는 각종 선거 때 도장과 같은 기표 용구가 아닌 연필 등 필기구를 사용해 후보자 이름을 직접 쓰도록 하고 있기도 하다. 일본은 변하지 않는 사회로 모든 것이 그대로였다.

최근에 일본에 가도 모든 것이 과거 그대로의 위치에 그대로의 장소에 그대로의 방식대로 살고 있었다. 식당이나 이자카야의 구조도 거의 안 변하고 새로운 메뉴도 거의 없었다. 거의 안 변하는 사회였다. 전통을 중시하고 과거를 끔찍이 여기는 문화 탓일까?

1980년대 말과 1990년대 초에 일본의 모든 부문이 부러웠고 쉽게 이길 수 없을 것으로 생각했지만 최근에는 일본이 너무 안 변하고 한국은 너무 급속한 변화를 겪고 있어 놀라운 심정이다. 우리나라도 디지털 시대가 도래하지 않고 아날로그 문화로 계속 이어졌다면 최근처럼 일본을 추격할 수 있었을지 의문이다.

혐한론

최근 일본에서 발생하고 있는 혐한론의 대두는 물론 한일 간의 역사적 문제의 해법과 갈등에서 파생한 것이지만 기본적으로는 일본의 현 상황과 관련이 있다고 생각한다. 일본에서 보면 한국은 언제까지 사과하라고만 하는가? 혹은 한국은 하는 말이 자꾸 변한다거나 혹은 전 정권에서 약속한 것을 지키지 않는다며 비판을 한다. 그런 면도 있다고 생각하지만 근본적인 문제를 생각하면 일본이 전쟁 전과 전쟁 중에 한국에 역사적으로 큰 피해를 끼쳤다는 것이 문제의 핵심이 아닐까? 하지만 피해를 끼쳤다고 하는 시대가 끝난 지 이미 70년 이상 지났고 당시를 알던 사람들이 점차 세대교체되고 사라지면서 문제가 일어나기 시작했다.

예전에는 일본이 가해자로서 한국 중국에 대해 나름 지성적으로 행동할 수 있었던 것은 동아시아에서는 일본이 가장 먼저 고도 경제성장을 이루고 오랜 세월 동안 세계 제 2의 경제대국이었고 그리고 아시아 부동의 넘버 원이었던 여유가 있었기 때문에 부분적이나마 그런 이성적인 행동을 할 수 있었다. 그러나 최근에는 중국은 물론 한국도 일본에 거의 따라 갈 수준의 어깨를 견줄만한 경제대국이 되면서 일본은 여유를 잃어버린 것이다.

더욱이 일본 국내의 산적한 문제에 대한 울분이나 불안을 어딘가에 분출하고 싶었지만 미국에는 분출할 수도 없고 중국에게도 할 말은 많지만 역시 무서운 것이다. 따라서 가장 불만을 토로하기 쉬운 나라가 바로 한국인 것이고 '한국 정도라면'이라고 생각하는 것이 한일관계 마찰의 일본측 주요 원인이라고 생각한다.

즉 과거에는 가해자로서 나름 지성적으로 행동해야 한다는 여유가 있었고 그런 분위기였지만 최근 들어 역사수정주의의 등장으로 심한 사람은 '위안부 같은 것은 없었다'라든가 '언제까지 한국에 사과해야 하는가'라고까지 주장하기 시작하였다. 당연히 한국의 입장에서 대체 뭐냐고 반발하게 되는 것이다. 즉 한일관계 마찰은 일본의 현 상황을 비추는 일종의 거울이라고 생각한다.

05
도전의 시대

나는 마치 최면을 걸듯이
무언가 새로운 것을 도전할 수 있는
기회라고 스스로에게 꾸준히 말했다.
그것도 비교적 이른 시간에
성공할 것이라고.

창업의 꿈

선택의 기로

 당시 나는 낮에는 학교수업 밤에는 아르바이트, 아르바이트라기 보다는 전업에 가까운 일을 하며 고단한 나날을 보내고 있었다. 동경의 그 흔한 관광명소도 제대로 가 볼 수가 없을 정도로 일상의 틀에 단단히 묶여 있었다. 해외에서의 유학생활은 새로운 경험을 할 수도 때로는 즐거운 일도 있지만 기본적으로 단조롭고 길고 인내심이 필요한 것이었다. 나도 그러했다.
 그러는 사이 세월은 무심하게 흐르고 학교를 무사히 졸업하였지만(1988년) 앞으로의 구체적인 목표도 딱히 없었다. 대학의 공부는 좋았지만 아르바이트로 너무 고생이 많아서인지 일본에서의 취업도 싫었다. 예정대로 스위스로 유학을 떠날까? 아니면 한국에 돌아와 새로운 무엇을 할까? 졸업 후 몇 년이 지났는데도 이룬 것이 아무것도 없었다. 어느덧 훌쩍 30세를 넘었고 다시 진로에 대해 심각하게 고심할 수 밖에 없었다. 처음에는 나름대로 희망을 유지할 수 있었지만 점차 세월이 흐르면서 마음이 움

츠러들었다. 인생의 어느 시점에 어디로 가야 할 지 알 수가 없을 때도 있고 스스로가 텅 빈 것처럼 느껴질 때도 있다. 아무리 생각해도 좋은 생각이 떠오르지 않고 뭘 해도 잘 풀리지 않을 때가 있다.

나에게는 30세 전후의 나날들이 그 때였던 것 같다. 이렇듯 나의 젊은 시절은 누구 못지않게 성실하게 살았음에도 가슴에 품고 있던 꿈이 이루어지는 일은 아무것도 없었다. 사람은 목표를 갖고 살아야 하지만 목표한대로 인생이 흘러가는 것은 아니라는 것을 뼈저리게 깨닫고 있었다. 당시 나 정도의 경력과 학력이면 서울의 특급호텔이나 국내외의 항공사에서 일을 하는 것은 어렵지 않았다. 그러나 적지 않은 나이가 부담이었다. 국내에서 취업을 해도 입사동기들과 대여섯 살 차이가 있으니 크게 성공하기도 기대할 수 없는 것 아닌가? 이런 저런 불필요한 잡념에 새로운 목표나 도전에 집중할 수 없었다.

결론은 내가 할 수 있는 것은 오직 한 가지였다. 취업보다는 작은 사업을 꿈 꿀 수 밖에 없었다. 그것도 자본이 많이 필요하지 않은 것이어야 했다. 그 밖의 일은 생각 할 수도 없었다. 당시 상황은 누구의 도움을 받을 형편도 아니고 물려 받은 유산이 있는 것도 아니었기 때문이다. 어쨌든 스스로의 힘으로 나아가야만 했다. 그러나 밑천이 있어야 사업을 시작이라도 해보지 않겠는가? 아니 그보다 어떤 일을 해야 할지부터가 막막하였다. 허탈한 기분이 드는 나날이었다.

거리에서 기회를 찾다

그러나 앞날이 막막한 상황에서 구원의 손길이 다가 왔다. 전혀 예상하지 못했던 곳이었다. 어느 추운 겨울날 오후, 동경 시내에서 빠르게 질주하는 작은 오토바이에 눈길이 멈추었다. 250cc 오토바이를 질주하는 라이더의 노란 헬멧과 유니폼인 조끼에는 회사의 상호와 로고 그리고 전화번호가 뚜렷이 찍혀 있었다.

그 날 그 모습은 지금도 기억할 정도로 선명하게 남아 있다. 그 오토바이는 급하게 뭔가를 배달하는 중이었다. 회사에서 작은 샘플이나 서류를 급하게 배송할 필요가 있을 때 이용하는 특송 회사의 오토바이였던 것이다. 물품을 수령한 지 2~3시간내에 목적지까지 배송해주는 서비스였다.

오토바이 특송사업은 지금은 누구나 그 필요성을 알고 당연히 이용하는 서비스였지만 그 때만 해도 한국에서는 거의 인식이 없었던 시절이었다. 그러나 일본은 이미 업체간 경쟁도 심하였다. 당시 일본은 버블이 오기 전 엄청난 경기 호황 중이었고 전 세계 경제를 선도하는 나라의 수도답게 동경에서는 하루가 멀다 하고 새로운 비즈니스 아이템과 사업들이 쏟아져 나오던 시절이었다. 나는 순간 묘한 느낌과 영감을 받았다. 우연인지 인연인지 나는 그 오토바이에 끌리기 시작하였다. '그래 바로 이것이다. 한 번 밀어붙여 보자' 더 자세히 알아보고 싶은 호기심이 일었다.

나는 몇 개인가의 업체를 사전예약도 없이 무턱대고 방문했지만 사장이 부재라거나 담당 직원이 없다는 이유로 회사 시찰은

커녕 직원과의 미팅조차 할 수 없었다. 대부분 회사들이 홍보팀 같은 부서가 없는 작은 규모들이었던 것이다. 다소 실망했지만 비즈니스는 즉흥적으로 주먹구구식으로 해서는 안되었다.

　더욱이 여기는 첨단 비즈니스의 도시인 동경이 아닌가? 나는 다시 마음을 가다듬고 오토바이업체의 리스트를 찾아서 하나하나 전화를 걸었지만 예상대로 전화 접촉 역시 대부분 거절당하였다. 상식적으로 생각해도 그들 입장에서는 특별히 받아 들일 필요가 없었던 것이다. 사업적인 제안도 아니고 회사의 영업 정보가 누출될 우려도 있었을 것이다. 그러나 나는 포기하지 않았다. 거의 마지막으로 연락한 업체의 직원이 사장과의 면담을 허락해 주었다.

소쿠하이 速配

　소쿠하이 速配라는 이름의 회사였다. 접견 일정을 잡고 궁금한 것들을 물어볼 사항들을 수첩에 적고 홀로 집을 나섰다. 지금 생각해보면 상당히 무모하고 일본의 비즈니스 관행과는 어울리지 않는 엉뚱한 시도였지만 결과적으로 내 인생의 중요한 전기로 이어졌다. 소쿠하이 본사는 동경 남부 시나가와의 덴노즈아이루에 있었다. 시나가와는 그때나 지금이나 부자들이 사는 거주지역으로 유명한 지역이었다. 소쿠하이 본사는 20층 건물이었지만 9층을 모두 사무실로 사용하고 12층은 교육실로 쓰고 있었다. 매출 규모도 동종업계에서 선두를 달릴 정도로 큰 회사였다.

소쿠하이의 사장님은 주름살이 있는 얼굴이지만 눈빛은 매서운 50대 중반의 남자였다. 딱딱하고 엄격한 첫 인상이었지만 의외로 초면인데다 젊은 외국인에게 사업 전반에 관해 하나 하나 친절하게 잘 설명해 주었다. 나에 대한 호기심과 사업에 대한 자부심이 섞인 듯 매우 열심이었다. 이윽고 사장은 직접 나를 대동하고 사무실을 돌았다.

　조금 전에 설명해 주었던 자신의 사업의 규모와 성과를 과시하려는 듯한 자신만만한 모습이었다. 들어가는 사무실마다 벽에는 일장기인 히노마루가 걸려 있었다. 더 놀라운 것은 직원들이 사장이 들어오자 약속이나 한 듯 의자에서 일어나며 깍듯이 인사를 하는 것이 아닌가? 상당히 인상적이었다. 마치 참호의 병사들을 시찰하러 온 전선의 사령관을 대하는 것 같았다.

　회사의 내부 규율과 문화는 거의 군대식이었다. 나중에 알았지만 사장은 태평양 전쟁의 참전군인 출신으로 전형적인 우익 인사였다. 사장에게 사내문화가 꽤 규율이 있어 보인다고 했더니 고객 대상의 서비스업이니 이 정도는 기본이 아니냐며 아무렇지도 않은 듯 대답을 한다. 각 사무실을 돈 것뿐만 아니라 오토바이의 정비센터도 시찰하고 영업소도 안내 받았다. 헤어질 무렵에는 회사의 광고 홍보 전단지 등도 듬뿍 받아 왔다.

　먼 훗날의 일이지만 소쿠하이의 정비센터에서 얻은 영감은 훗날 대한극장에서 정비센터를 만드는 아이디어가 되었다. (1996년) 그 날은 내가 앞으로 하려는 사업의 체계적인 영감을 얻음과 동시에 이렇게 해보겠다는 의욕이 일어난 날이었다. 소쿠하이와의 만남은 우연이라면 우연이었을 것이다. 우연이 아니었다면 결과적으로는 유익한 숙명이었다.

평소 거의 관심을 끌지 못하던 사소한 일이나 지나치는 작은 말들이나 모습이 운명을 결정짓는 계기가 되는 경우도 허다한 것이다. 그 날 이후로도 실제로 생각지도 않던 사고나 극히 사소한 일 또는 아무 관련도 없는 사건들로 인해서 사업의 진로와 결과가 바뀌는 경우도 적지 않게 경험하곤 하였다

성공에의 확신

1992년 가을에 한국으로 돌아왔다. 나는 35세였고 일본으로 유학을 떠난 지 거의 10년이 다 되어 가던 시점이었다. 고국에 돌아오니 여러 가지 감회가 일었지만 감상에 빠질 틈도 없이 창업 준비에 본격적으로 들어갔다. 내가 최초로 한국에서 이 사업을 시작한다면…

생각만 해도 가슴 뛰는 일이었다! 나의 사업은 첫 번째 아이디어가 첫 번째 사업으로 이어진 드문 케이스였다. 우선 국내의 현황부터 살펴 봐야 했다. 당시는 한국에 특송이라는 개념조차 없었던 시절로 기업간의 빠른 배송 문화는 물론 당연히 전문회사도 시스템도 없었지만 나는 오히려 좋은 기회라고 생각했다. 중요한 것은 확실성이 아니고 선점하는 기회라고 판단했기 때문이다.

최근에는 젊은이들 사이에 창업열기가 높다. 하지만 당시의 분위기는 그렇지 못했고 엘리트 회사에 들어가서 가능한 한 빠르게 승진하는 것이 최고의 코스였다. 그러나 나는 무언가를 스스로 주도하여 무언가를 성취하고 싶었다. 어린 시절부터 공부를 하거나 놀거나 그룹의 리더가 되려고 노력했고 실제로 리더였기 때문이다. 그 무렵 귀국 후 따스하게 맞아 주는 가족과 친구들로 마음의 안정을 되찾았는지 일본에서 보다는 자신감도 늘고 있었다.

나름 성공에의 확신도 있던 차라 아내와 친구들에게 이것은 분명히 되는 사업이라고 주장했다. 그 때는 사업과 인생에 대해서 자신이 있었다. 지나칠 정도로. 도전하면 무엇이든지 성공할 것 같았다.

서울올림픽이 끝나고 몇 년이 지난 1990년대 초반 한국경제는 연 10%가 넘은 경제성장률을 매년 기록할 정도로 급성장하고 있었고 회사들의 규모도 나날이 커지고 있어 나의 사업에는 더할 수 없이 좋은 환경이었다. 더욱이 우리나라 사람들은 성질이 급하고 빨리빨리 문화라면 두 번째 가라면 서러워하는 민족 아닌가?

그러나 주위에서는 한국에서는 너무 이른 시기상조라며 열이면 아홉은 반대했다. "성공 가능성이 50%나 될까?" 나는 입을 다물었다. "25%는?" 그렇게 묻고 싶은 표정들이었다. 마음 한 구석에 잘못 생각하고 있는 것은 아닌가 불안했던 느낌이 있었던 것도 사실이었다. 지금 생각하면 가소로운 일이지만 30대의 나이까지도 신경이 쓰였다. 새로운 아이디어로 창업하고 어느 정도 성공하기 위해서는 비교적 빠른 나이에 도전하지 않으면 안 될 것 같았기 때문이다. 그러나 실제로는 시장의 흐름이나 사업의 성공 여부 등 이것저것 고려할 시간적 여유도 없었다는 것이 솔직한 심정이었다.

돌이켜 보면 아무도 시작을 해 보지 않은 사업은 리스크가 있기 마련이고 결단은 빠르면 빠를수록 좋지만 중요한 것은 확신이었다. 새로운 사업의 개척자로서 보람과 수익도 중요하지만 앞을 내다 보고 확신이 섰을 경우에 긍정적인 사고와 열정을 가지고 추진한다면 성공 가능성은 높다. 남들보다 먼저 시대의 흐름을 읽고 미래를 내다 볼 수 있다면 경쟁력은 큰 법이다.

자신만의 아이디어로 창업을 하려는 후배들에게 조언하고 싶다. 사업성이 있다는 확신만 있으면 의심하지 말아야 한다. 무조건 긍정적인 사고와 열정으로 무장한다면 어떤 사업도 성공할 것이라고. 과거나 지금이나 이런 생각은 변함없다. 창업은 절벽에서 뛰어내리는 것처럼 보이지만, 막상 해보면 '줄 달린 번지 점프'일지도 모른다. 그러나 나의 경우 현실은 꼭 그런 방향으로 나아 가지는 않았다.

퀵서비스의 탄생

용산 사무실

노란 헬멧을 쓰고 도심을 서둘러 누비는 오토바이. 2021년 서울에서 심심치 않게 볼 수 있는 모습이다. 흔히 우리가 알고 또 그렇게 부르는 '퀵 서비스'는 한시가 급한 상황에 오토바이로 서류나 작은 화물의 신속한 배송을 필요로 하는 기업형 고객들을 위한 택배 서비스다.

지금의 퀵 서비스는 누구나 한번 정도는 이용해 봤을 만큼 대중화 된 배송수단이지만 사업을 시작할 때는 거의 인식조차 없었다. 따라서 내가 가장 고심한 것은 회사의 이름과 사업의 명칭이었다. 새로운 업종이었고 사업을 확대하는 데는 회사의 이름도 빼놓을 수 없는 대단한 중요한 요소였기 때문이다. "회사 이름은 어떻게 하지?" '새로운 이름으로 사업하기에 유리한 것은 없을까?' '회사가 크게 성장해도 잘 어울리고, 사업의 내용이 조금 바뀌어도 문제가 없는 이름은 무엇일까?" 나는 스피드, 딜리버리, 에이전트, 솔루션, 시스템, 서비스 등등 그럴듯한 영어 단어들을 늘어 놓고 그 중에서 가장 적합한 단어를 선택했다. 결론은 두 개의 단어로 이루어진 '퀵 서비스'.

　세계 어느 곳에도 없는 새로운 합성어였지만 오래된 친구처럼 느껴지는 친숙한 느낌이었다. 실제로 내가 만든 퀵 서비스라는 단어는 훗날 업계의 고유명사가 되었고 지금은 빠른 배송의 상징이 되었다. 물론 업계 최초 회사의 첫 번째 상호이기도 하였지만 '퀵 서비스'는 이름부터 후발업체들을 리드할 수 밖에 없었다. (1994년에 특허청에 신청하였다)

　한국의 퀵 서비스 역사는 1993년 봄 꽃샘 추위가 사그라지지 않던 어느 날 기차가 지나치는 남영역 근처의 작은 사무실에서 시작되었다. 이 날부터 '창업자'라는 새로운 인생이 시작되었다.

　우선 작더라도 사무실과 몇 대라도 오토바이가 필요했다. 나는 여기저기서 1,000만원을 빌렸지만 남영동 사무실 보증금과 오토바이 5대의 지입 비용을 지불하니 남은 돈은 100만원이었고 직원은 둘째 동생 한 명뿐이었다.

　사업의 시작은 이처럼 조출하다 못해 허전할 정도였지만 나의 사업이었고 내가 사장이었다. 어느 정도 자신감은 있었다. 흔히 창업과 독립에 따라다니는 긴장감은 조금도 없었고 지금 생각해도 변변한 사업계획조차 없는 상황에서 왜 그렇게 낙천적이었는지 이해할 수 없을 정도다. 아마 젊은 패기에 잃어버릴 게 아무것도 없었기 때문이 아니었을까? 나는 유학시절은 물론 학창시절에도 영업의 현장에서 단련되어 있던 터라 사람을 대하거나 영업

능력만큼은 누구 못지 않게 자신이 있었고 무엇을 해도 잘 될 것이라고 멋대로 자부하고 있었다.

그러나 마음 속에는 오토바이 특송 회사는 아직 우리 뿐일 것이라는 기묘한 자신감과 함께 정말 일을 맡겨 줄까 하는 복잡한 심경이 뒤섞여 있었던 것도 사실이었다. 장기적인 사업계획의 수립이나 홍보 업무는 생각도 할 수도 없었고 무엇보다 급한 것은 영업이었다.

쉽게 예상되는 적자를 조금이라도 줄이자는 심정뿐이었다. 아무리 홀로 책상에 앉아서 아이디어로 시작한 벤처 같은 기업이지만 현장에 나가지도 않고 독선적으로 사업계획을 세우는 것은 마음에 들지 않았다. 그런 의미에서 나는 가능한 현실의 영업

현장을 뛰어 다니면서 고객의 요구나 시장에서 체험한 것을 사업으로 만들고 싶다고 생각했다. 영업할 때 가장 중요한 것은 저렴한 가격이 아니었고 가격은 현장에서 직접 사람들을 만나면서 느낀 감각으로 정해야 했다.

영업전선에 나서다

영업에 나서면서 들고 갈 무기는 홍보 전단지뿐이었다. 처음 시작한 일도 팸플릿 제작이었다. 간단하지만 예쁘게 만든 홍보 전단지와 명함만 들고 사무실을 무작정 나섰다. 당시 국내 특송시장의 상황은 용산 전자상가에서 오토바이로 과적물을 나르거나 동대문의 포목상가에서 원단 등을 배송해 주는 정도였다.

나는 가깝고 조금이라도 수요가 있을 것 같은 용산 전자상가를 우선 공략하기로 했다. 용산 전자상가는 1960년대는 청과물 도매시장이었지만 1980년대 중반 가락동 농수산물시장으로 옮겨갔고 그 빈자리를 세운상가의 많은 점포들이 들어 서며 전자, 전기의 전문상가가 된 곳이다. 그 이후 세운상가는 몰락하였다. 용산 전자상가는 1990년대 최고의 전성기를 누렸지만 현재는 점점 쇠퇴하며 과거의 세운상가와 같은 길을 걷고 있는 중이다.

나는 처음으로 찾아간 점포에서 사업의 성공 가능성이 점쳐질 것이라고 생각하고 전단지와 명함을 뿌리며 점포 하나하나를 식사하는 시간조차 아까울 정도로 부지런히 돌았다. 그러나 사람들의 반응은 시큰둥 했고 그렇게 급한 일이 있을까 하는 표정들

이었다. 며칠 후 연락이 오기는 왔다. 전자상가의 점포들의 작은 짐의 배송 의뢰뿐이었지만 마음속으로 꽤 기뻤던 기억이 새롭다.

　약간의 자신감을 얻은 나는 충무로 사진관도 돌고 강남의 큰 회사들의 사무실도 공략하기 시작하였다. 고층 빌딩에 가면 동생과 함께 일단 제일 위층에 올라 간 다음 계단으로 내려오면서 전단지를 아래층으로 뿌리는 일명 빌딩타기를 하며 숨을 돌릴 틈도 없이 죽을 힘을 다해 돌아다니며 영업활동에 모든 정열을 쏟아 부었다. 본격적으로 영업을 하기 시작한 후 6개월 동안 제대로 앉아서 먹을 시간도 없이 고생하는 날이 계속되었고 다리가 통통 부을 정도였다. 체력적인 소모가 많은 영업에서 그것은 이미 한계 상태였다.

그 후로는 무작정 업체를 방문하기 보다는 수 많은 기업의 담당자에게 전화를 걸어서 미팅 약속을 하였다. 수첩에는 빈 공간이 없을 정도로 아침부터 저녁까지 일정이 빼곡히 쓰여 있었다. 어려울 때마다, 포기하고 싶을 때마다 어금니를 악물었다. 커다란 비전이 안 보이는 상황에서 계속 버틸 수 있었던 것은 남에게 지기 싫어하는 타고난 성격 탓도 있었을 것이다. 처음부터 쉽지 않았다.

포기하려는 순간 사업을 시작할 때 반대하던 아내가 기왕 벌인 사업 최소한 3년은 해 보아야 하지 않겠냐고 격려를 해 준 것이 큰 위로가 되었고 다시 한 번 영업에 박차를 가할 수 있었다. 고생한 보람 탓일까? 미미했지만 한 달이 지나도 두 달이 지나도 월 별 매출은 거의 둔화되지 않고 조금씩 성장했다. 창업 이후 몇 달 간 매출이라고 하기에도 쑥스러웠던 규모가 1년쯤 지나자 어느 정도에 이를 정도로 성장하였다.

라이더와 오퍼레이터

그러나 늘고 있는 매출의 증대도 중요하였지만 그를 위한 배송기사인 라이더의 모집도 어렵고 시급한 과제였다. 신문이나 전단지 광고로 라이더를 모집했지만 기대한 만큼의 지원자는 오지 않았던 것이다. 단순히 회사의 이익을 얻는데 그치고 라이더와 함께 성공하지 않아서는 지속될 수 없는 사업이었기에 나름 파격적인 방식을 채택하였다.

　라이더의 수입은 월 25만 원 보증금만 내면 자신이 올린 매출의 수익을 회사와 분배한 것이다. 처음에는 아르바이트 정도로 기대하고 수입을 반신반의하던 라이더들도 점차 주문이 늘어나고 약속된 수입이 들어 오자 너나 할 것이 없이 부지런히 오토바이를 탔다. 신입 라이더들도 한 달만 지나면 전업으로 생활이 충분할 정도로 수입이 꽤 좋아지면서 라이더들의 지원자 수는 늘어만 갔고 1년도 채 안 되어 100명이 넘는 라이더와 함께 일을 할 수 있게 되었다.

　사실 이 분야에서 회사가 더 크게 발전하기 위해서 중요한 것은 빠르게 배송해 주는 속도도 중요하지만 그 자체는 큰 의미가 없고 중요한 것은 고객의 만족도였다. 사전에 정해 놓은 시간 없이 그저 빨리 빨리 움직이는 것은 제스처에 불과한 것이다. 따라서 현장에서 고객들과 직접 마주치는 라이더에 대한 교육은 매우 중요했다. 현장에서 일하는 라이더에게는 많은 문제와 어려움이 발생할 수 밖에 없었다.

  나는 끊임없이 배송현장에서 일어 나는 기사와 고객간의 사소한 마찰을 조정해 주어야 했고 따로 시간을 내어 라이더들과 사무실의 오퍼레이터들과 정기적으로 미팅을 가지려 노력하면서 사무실이나 현장 업무의 고충을 이해하게 되었다. 동시에 나는 업무환경을 개선하려고 노력하는 동시에 겸허한 마음으로 고객들에게 서비스할 것을 수시로 강조하였다.

첨단 기술 도입

삐삐와 시티 폰

1990년 중반에 들어서며 전에는 상상할 수 없었던 개인 통신의 수단과 인프라가 새롭고 빠르게 구축되고 있었다. 나는 이러한 변화에 발 맞추어 새로운 통신수단을 우리 사업에 빨리 반영하고 또 접목하려고 노력하였다. 1997년 이전 아직GPS 프로그램은 물론 휴대폰도 상용화되지 않던 시절에는 배달 기사인 라이더는배달 장소의 구체적인 위치를 알기 위해 수신 전용 기기인 삐삐로 위치에 따라 소통을 하여야 했지만 삐삐는 발신을 할 수 없어 불편이 많았다.

예를 들어 용산에 위치한 라이더가 역삼동으로 물건을 배달하려면 우선 삐삐로 수신된 배송지의 전화번호를 종이 수첩에 적은 후 공중전화로 고객에게 전화해 대략의 위치를 묻고 떠난다. 공중전화박스가 아무 곳이나 있는 것도 아니었고 지금처럼 도로의 구획이나 주소지가 잘 정리된 것이 아니어서 근처에 가면 다시 세부적인 위치를 확인해야 했다.

그때는 몰랐지만 지금 기준으로 보면 이만저만 불편한 것이 아니었다. 다행히 그 무렵 등장한 발신 전용 기기인 시티 폰이 있었지만 시내의 공중전화박스에서 200미터의 근처에서만 발신이 가능했기 때문에 여건이 안 되면 삐삐나 다름 없었다. 형식상 삐삐와 시티 폰은 찰떡궁합처럼 보였지만 여건이 안 되면 신통한 수단은 아니었던 것이다.

현장 업무의 개선을 고민하던 중 1998년에 최초로 개인휴대폰 단말기 PDA가 등장했고 나는 PDA를 업계 최초로 현장 사원인 라이더들에게 지급했다. 그 후로 라이더들은 PDA를 통해 콜 센터에서 떨어지는 주문을 실시간으로 전송 받을 수 있어 쉽게 오더를 확인 할 수 있었다.

PDA는 당시로서는 첨단 기술과 효율적인 업무의 상징과도 같았다. 다만 PDA는 새로운 프로그램을 개발할 때마다 용역을 주어야 했고 PDA 회사들이 기기 버전 할 때마다 프로그램을 개발해야 하는 번거로움이 있어서 교체가 힘든 점은 있었다. 이렇게 삐삐로 시작해 시티 폰, PDA의 개발로 이어진 디지털화된 시스템으로 라이더들은 좀더 정확하고 신속한 배송처리를 쉽게 할 수 있었다.

성공의 예감

새로운 밀레니엄인 2000년을 맞이하고 40대 중반이 되면서 나는 앞으로 퀵 서비스는 엄청난 시장으로 커질지도 모른다고 생각했다. 전성기가 도래하고 있었던 것이다. 2000년대 들어 퀵서비스 산업이 이토록 성장할 수 있었던 이유는 우편이나 택배로 보내기에는 늦고 화물로 보내기엔 비용이 많이 드는 서류 및 소화물의 운송에 대한 틈새시장이 한국의 빠른 경제발전과 규모의 확대와 더불어 급성장하였기 때문이다. 사업의 앞길이 무한히 넓어지는 것 같았다.

우리 사업은 제조업처럼 공장이 없어도 되었고 상시 인력도 필요 없었고 속도가 돈이었던 것이다. 나는 이 기회를 이용하고 싶었다. 빠르게 발전하고 외형이 커지는 산업에서 더 발전하고 싶었다. 사업이라는 것은 어느 궤도에 오르고 더 발전시키기 위한 연구를 하면 기회는 오기 마련이다. 기회가 오는 이유는 사회가 늘 변화하기 때문이다.

기술이 변화하고 규정이 바뀌고 사람들이 변화하기 때문에 새로운 기회 그리고 성공과 실패는 이어지게 마련이다. 운이 좋았던 것은 신문, 잡지 등 여러 매체에서 다투어 가며 전문 벤처기업으로서 회사의 통신부문의 기술혁신을 통한 첨단 경영을 보도해 주면서 회사발전에 큰 도움이 되었다.

또한 삼성SDS, LG그룹, 기아자동차, SK디투디, 한화유통, 삼성화재 등 최대의 거래처를 확보하면서 아시아나항공과 제휴한 항공택배 서비스도 다른 업체들보다 앞선 서비스로 매출에서도 다른 후발 업체와 그 규모가 달랐다. 2001년 당시 조금 큰 규모의 오토바이 운송회사들이 연간 몇 천만 원 정도의 실적을 올릴

때 퀵 서비스는 나름 첨단 기술의 도입과 앞선 경영으로 50억원의 매출을 기록하였고 다음해인 2002년도에는 관제시스템 솔루션과 대형 포털 사이트와의 제휴를 통해 20%정도 늘어난 70여억원의 매출을 올렸다. 대리점과 라이더의 수도 폭발적으로 증가했다.

그 해 100개 이상의 지사가 설립되어 전국의 네트워크를 거미줄처럼 꼼꼼하게 이어지게 만들었고 라이더도 서울에서만 500여명, 전국적으로 2,000여명을 보유할 수 있었다. 이처럼 앞으로 앞으로! 하고 소리치며 여기까지 전진할 수 있었던 것은 남에게 지기 싫어하는 타고난 성격과 상대적인 젊음 때문이었는지 모른다.

회사를 만들어서 즉시 궤도에 올릴 수 있었던 것도 또한 단숨에 업계의 부동의 선두가 될 수 있었던 것도 '처음에 세운 불가능하게 보이는 목표를 어떻게든 이루어 내려고 노력했기 때문이라고 생각했다

위성 위치추적 시스템

나는 2000년부터 계속해서 쏟아져 나오고 있는 최첨단 통신기술과 전국적 인터넷의 네트워크에 빨리 적응하는 얼리 어댑터가 되어 사업을 크게 확장하고 싶었다. 그 무렵에는 놀라울 정도로 아이디어도 자주 왕성하게 나왔고 그에 따른 성공에 대한 확신이 있었다. 나는 일단 결심하고 나면 브레이크가 걸리지 않는 성격이었다. 아직 분명하고 커다란 규모의 시장이 없던 국내 특송 업계에 첨단 기술을 도입한다는 것은 어리석은 일일 수도 있었지만 당시 급속히 발전하는 IT 기술의 전개와 거의 동시에 사업에 신속히 반영하려고 노력한 것도 사실이었다. (2001년 말 벤처기업 인증을 받았다.)

앞선 기술의 기회가 마치 물결처럼 계속해서 밀려 왔고 고객들의 편의와 업계 선두주자로서 빠른 시일 내에 시스템을 재정비하였다. 우선 더 신속한 배송을 위하여 고객이 직접 가장 가까운 지역의 라이더를 선택해 주문할 수 있어야 했다.

이를 위하여 2005년 가을부터 인공위성 위치 추적시스템(GPS)과 무선 통신망을 결합해 화물의 위치를 정확하게 추적할

수 있는 시스템을 구축하기 시작하여 이듬해 3월에 완성할 수 있었다.

위치 추적 시스템은 본사의 콜센터나 배차실의 모니터에 화물을 운송 중인 라이더는 빨간색으로 공차인 라이더는 파란색으로 구분하여 나타나면 가장 근접한 라이더에게 PDA 단말기와 TRS 무전기를 통해 집하 지시를 내리는 방식이었다. 이로써 배달 주문을 받은 화물이 어느 지역에 있는지 실시간으로 추적하여 가장 가까운 곳에 있는 배송 사원을 배정할 수 있게 되어 더욱 빠른 배송 체계가 가능하게 되었다.

처음에는 라이더의 장착 기기의 배터리 출력 문제로 정상적으로 실시되지 못했지만 곧 배터리를 충전식으로 전환한 다음에 안정적인 운용이 가능해졌다. 이러한 위치 추적 시스템의 배송 주문 및 추적 서비스의 실시로 업계에 지각변동을 일으키며 2006년 말 서울 시내 1시간, 전국 8시간 내에 배송을 완료할 수 있는 서비스 체계를 구축할 수 있게 되었다. 어려운 상황에서도 꿈을 포기하지 않는 끈기가 이러한 보상을 받은 것 같아 기뻤다.

06
시련의 시대

試鍊

아내의 돌연한 죽음으로 슬픔에서
벗어나지 못하고 있을 때
또 다른 재앙이 찾아 왔다.
 화불단행이라고 했던가?
불행은 꼬리를 물고 계속 이어진 것이다.

위기와 불행

이어지는 역경들

그러나 매년 회사는 성장하고 실적이 늘어나고 있었지만 그 성과와 실적에 흡족할 사이도 없이 새로운 해가 시작되고 다시 새로운 출발점에 서 있게 마련이다. 사업의 실적도 이미 과거의 뒤안길로 사라질 뿐이다. 모든 것이 순조롭게 진행된다고 하더라도 어느 한 순간도 안심할 수가 없다. 최선의 노력을 다하지만 결코 완벽할 수 없는 것이 사업이고 인생이다. 인생의 위기는 언제든지 올 수 있고 사업도 언제든 무너질 수 있다.

흔히 사업의 어려움은 여러 가지 이유로 일어나기 마련이지만 나를 궁지에 몰아 넣은 일은 동시에 일어났다. 그 무렵 회사도 빠른 성장을 거듭하고 있었지만 새로운 후발 업체들도 하루가 다르게 늘어 가고 있었다. 나는 도전을 받는 챔피언의 심정이었다.

이러 저런 기회로 우리 회사를 타깃으로 해 영업시스템은 물론 관리 방식들을 모방 아니 그대로 훔쳐간 사람들이 만든 업체도

제6부 시련의 시대　105

많았다. 그 중에는 회사의 관리 시스템 등을 선의로 가르쳐 준 후배들도 많았다.

쉽게 사람을 믿는 것이 나의 나쁜 점이었고 이 점에 관해서는 사업가로서는 변명의 여지가 없었다. 어쨌든 사람들에 대한 불신과 스스로에 대한 실망과 분노가 어울려져 어려운 나날을 보내고 있었다. 그러한 기술과 시스템은 나 자신만의 것도 아니었고 우리 회사가 많은 시간과 돈을 투자하며 만든 것들이었다. 솔직히 불안했지만 이번 기회에 한층 더 성장하여야 했다.

다른 회사들이 우리 회사에 대한 도전을 꿈도 못 꿀 획기적인 영업 및 배송 시스템을 전국적으로 구축하여 그들과 더 큰 격차를 벌일 기회로 삼고 싶었다. 더 나아가 해외배송에서도 시장을 선점해 업계에서 선두자리를 지키고 싶었다.

이러한 연장선에서 2006년 1월 일본의 외자유치라는 성과도 얻었다. 일본 '다트 재팬'과 지분 참여방식으로 투자유치에 성공하였다. 다트 재팬은 도쿄에서만 오토바이 550대를 보유하고 하루 6,000~7,000건 업무를 수행하고 있는 일본 최고의 이륜 택배 기업이었다. 성공적인 외자유치는 이륜택배업계에 있어서 획기적인 일이었다.

소송을 걸다

최초에 내가 만든 퀵서비스라는 말은 업계에서 유행어가 되고 곧 표준어로 정착되었다. 후발업자들이 무단으로 퀵서비스라는 단어를 함부로 쓰고 있었다. 그러나 나는 큰 차원에서 개의치 않았고 오히려 업계의 선두주자라는 자부심으로 방관하고 있었다.

하지만 시장에서 우리 회사 상호를 단순하게 자신들의 홍보차원으로 남용하는 차원이 아니라 고의적으로 심각하게 도용하고 있어 금전적인 피해가 속출하자 (주)퀵서비스의 고유 상호이며 상표를 지켜야 했다. 2005년에는 오토바이 그림이 들어간 '퀵서비스' 상표를 출원하여 등록까지 마쳤지만 상황은 개선되기는커녕 더 악화되어 갔다.

그 이후에도 수백 개의 신설업체들이 사업자 등록 시 퀵서비스라는 명칭을 무단으로 사용하는 것이었다. 나는 상표권을 주장하며 권리를 찾으려 행정 부서에 도움을 요청하였지만 관련 공무원의 답변은 사실을 일부 인정하면서도 행정 결정을 차일피일 미루기만 하고 있었다. 무책임하고 복지부동의 전형이었다. 어쩔 수 없이 나는 법원에 호소해야 했다. 인터넷 검색광고에서 '퀵서비스'라는 키워드를 쓰지 말라며 법적 대응에 나섰다.

수 백여 업체를 상대로 일일이 법적 대응하는 것은 시간적으로나 물리적으로 불가능하였기 때문에 우선 인터넷 광고 대행업체인 오버추어코리아를 상대로 가처분 신청을 내었다. 오버추어코리아는 오토바이 특송업을 하는 사업자들로부터 광고료를 받고 네이버, 다음 등 주요 인터넷 포털 사이트에서 '퀵서비스' 검색어를 입력하면 관련 업체들의 사이트가 검색되도록 해주는 온라인 광고 대행 업체였다.

결국 승소를 하였고 업계의 선두주자로서 일부의 자존심을 지킬 수 있었지만 그 동안 입은 피해 규모는 가늠할 수 없을 정도로 컸던 것도 사실이었다. 법적인 안전장치가 있었다면 하는 아쉬움이 컸다.

실패로 끝난 투자

그러나 해외자본의 유치나 특허권에 관해 법적인 성과도 부분적으로 있었지만 결과적으로 무리수를 연속으로 범하는 실수도 이어졌다. 정상을 지키려는 조급함이 무리를 낳고 무리한 추진이 결국 어려움으로 돌아왔다. 가장 큰 실수는 무리한 투자였다.

영업망의 전국적 시스템 개발 중 모바일 부문은 자체에서 개발할 능력이 아직 부족했고 외부에 의뢰를 주기에도 정보의 유출 등 불안한 점이 많았을 뿐더러 개발 비용도 엄청났기 때문에 투자를 받아야 했지만 상황은 여의치 않았다. 결국 독자적으로 개발하기로 결정하였다.

그러나 이것이 크나큰 화근이었다. 2008년 9월부터 프로그램 시스템의 개발 책임을 기술개발 부문의 직원인 J에게 맡기고 매달 막대한 비용을 투자했다.

그러나 처음부터 그러한 프로그램을 개발할 능력이 없던 J는 차일피일 미루며 좀처럼 성과를 내지 못하고 있었다. 선 투자한 금액도 이미 상당해서 도중에 쉽게 포기할 수도 없었다.

돌이켜 보면 중도에 투자를 중지했어야 현명했지만 이론대로 움직이지 않는 것이 인생이고 사업인지 모르겠다.

그 동안 쏟은 막대한 투자비용이 어느 새 빚으로 변하였고 그 빚은 늘어 가기 시작하였다. 기술투자의 실패뿐만 아니라 사람에 대한 투자도 실패의 연속이었다. 나는 사업을 하면서 사람들한테 도움도 받았고 사람들 때문에 지치고 의욕이 꺾인 적도 많았지만 그 무렵엔 그 정도가 심했다.

특히 우리의 시스템을 그대로 모방하여 사업을 차린 후배 H가 그랬다. H는 내게 그래서는 안되었다. 처음부터 나 때문에 업계에 들어왔고 줄곧 내가 일을 가르쳐주고 도와주고 일본을 비롯 국내외에서 많은 사람들을 소개해 주지 않았던가? 기술 투자의 실패 그것도 사람을 잘못 판단한 것에서 비롯된 것이다. 이렇듯 사람들에게 어려움을 겪으니 사업을 하기가 싫어졌다. 시쳇말로 다 때려치우고 싶었다. 일보다 사람 자체가 싫어졌기 때문이다.

결국 문자 그대로 분골쇄신하면서 빠르게 이룬 회사의 경영에 빨간 불이 켜지기 시작하였다. 온 몸의 힘이 다 빠졌다. 그러나 여기서 쓰러질 수는 없었다. 사업과 사람에 지치고 고민의 나날을 보내던 나에게 힘을 준 것은 다름아닌 아내였다.

아내의 죽음

나는 결혼을 한 뒤에야 비로소 행복이 무언지 어슴푸레 느꼈다. 동경의 유학시절이나 서울에서의 사업을 벌인 후에도 아내의 따스한 배려와 지극한 정성은 단 한 번도 변함이 없었고 언제 어디서나 무엇을 하든 든든한 버팀목이 되어 주었다.

아내와 나는 성격상 서로 보완적인 데가 있었다. 나는 추진력이 좋은 편이지만 다른 데 정신을 팔기를 잘하고 하나가 성공을 하면 다른 곳으로 눈을 돌리는 반면 아내는 집중력과 독립심이 강하며 빈틈이 없는 성격이다. 책임감이 강한 아내는 미래에 대하여 늘 여러 가지 걱정을 털어 놓곤 하였다.

불행의 발단은 2011년 가을 어느 날 처조카가 아내를 찾아오면서 시작되었는지 모른다. 처조카는 고깃집 마포 최대포라는 프랜차이즈 대표의 사위로 동경에 지점을 오픈 할 예정이었다. 아내에게 도움을 청한 것이었다. 사실 아내는 일본 생활과 문화에 익숙하고 일본어도 유창했으므로 적임자라면 적임자였다.

그 무렵 아내는 어려움에 빠진 나를 조금이라도 도울 생각으로 일을 찾고 있었던 중이기도 하였다. 나는 반대했지만 아내는 6개월 단기간으로 오픈만 도와 주고 오겠다며 기분 전환 정도로 다녀오겠다며 간청하기에 승낙을 하고 말았다.

2011년 12월 하필 추위가 한창일 때 아내는 일본으로 떠났다. 돌이켜 보면 내 인생의 뼈저린 실수 중 하나였다. 사실 당시에는 모르고 있었지만 아내의 건강은 안 좋은 상태였다. 책임감이 유달리 강한 아내는 동경의 한류의 메카라는 오쿠보에서 식당의 안정적인 영업을 이루려 몸을 안 돌보며 일을 무리하게 하였다.

　오전 11시에 문을 열어 새벽 1시 문을 닫을 때까지의 강행군의 연속이었다. 사실 짧은 기간에 외국에서 성공적으로 식당을 오픈시키고 영업을 안정시키느라 정신적인 스트레스와 더불어 육체적인 피로가 쌓였을 것이다. 약속한 6개월이 지나고 식당이 정상궤도에 오르자 아내는 돌아왔지만 지치고 다른 모습으로 변해 있었다. 불길한 예감이 들었고 마음이 너무 아팠다.

　그 후부터 눈에 띄게 아내는 쇠약해져가며 병색이 완연했다. 불안한 마음에 병원으로 갔지만 얼마 지나지 않아 혈액 골수암의 판정을 받았다. 불행하게도 꽤 진행중인 상황이었다.

　청천벽력 같은 소식에 가슴이 찢어지는 듯 했고 눈에는 눈물이 고였지만 여전히 아내가 언젠가 쾌유될 것으로 믿었다.

그러나 무정하게도 아내는 회복의 기미도 보이지 않았고 점차 쇠약해지고 있었다.

무조건 내 편이던 아내의 죽음을 마주쳤을 때 그 상실감은 이루 말할 수 없을 만큼 슬펐다. 2013년 가을 아내는 세상을 떠났고 나에게 몰아 닥친 그 시련을 난 결코 받아들 일수도 없었고 잊을 수도 없었다. 엄마를 많이 따르던 외아들 상호도 너무 불쌍해 보였다.

돌이켜보면 장모님은 집사람보다 한 달 먼저 돌아 가셨는데 사이가 유난히 좋았고 친가에도 잘하는 믿음직한 딸을 천국으로 데려 간 느낌이었다. 인생을 살아가는 동안 소중한 사람을 잃어 버린 슬픔보다 더한 것이 있을까? 죽은 이들은 누군가의 추억 속에서 영원히 죽지 않고 살아 남는다.

아내가 죽은 지 10년이 지났지만 아직도 아내 생각만 하면 눈물이 난다. 그럴 때마다 아내와 함께 했던 30년 동안의 여러 가지 일들을 떠올려 본다.

아들의 수술

아내의 돌연한 죽음으로 슬픔에서 벗어나지 못하고 있을 때 또 다른 재앙이 찾아 왔다. 화불단행이라고 했던가? 불행은 꼬리를 물고 계속 이어진 것이다. 아내가 하늘로 간지 정확히 2년 후에 상호가 큰 병을 얻은 것이다.

　상호는 1985년 9월에 일본 유학 중 태어났다. 아내는 학교를 휴학하고 서울로 돌아와 시부모 집에서 상호를 키울 수 밖에 없었다. 할머니는 장손을 너무 사랑했는지 어려서부터 아이가 뭐든지 해달라는 것을 거절을 못하셨다. 그래서인지 상호는 햄버거나 탄산음료를 입에 달고 크면서 건강이 좋지 않았다. 그러나 상호는 엄마는 물론 늘 할아버지 할머니를 끔찍이 배려하는 생각이 깊은 아들이었다.

　밝고 순수하고 착했던 아들이 2015년 겨울 어느 날 새벽에 쓰러졌다. 신속히 조언을 해 준 사람이 있어 응급차로 한양대 병원으로 갔지만 뇌출혈이었다. 서둘러 망정이지 조금만 처치를 늦게 했으면 평생 부자연스러운 몸이 될 수도 있었던 믿을 수 없는 상황이었다. 불행 중 다행이었지만 결국 상호는 머리를 밀고 두부 절개수술을 해야 했다. 아들은 병원의 수술대 위에서 수술이 시작되기를 기다리면서 누워 있었다.

내 눈으로 보고도 도무지 믿기지 않는 모습이었다. 아직 마취되기 전의 아들의 모습을 보고 잔인한 시련이 또 왔는가? 하늘이 원망스러웠다. 나는 병원의 복도에서 기도하고 또 기도했다. 문득 두려움 속에서도 고요한 평화가 밀려오는 순간 붕대를 감싸고 수술실에서 나오는 아들의 모습이 보였다. 눈물이 왈칵 났다.

상호는 한 달여 중환자실에 입원실에 누워 있어야 했지만 퇴원 후에는 젊고 긍정적인 성격으로 회복이 잘 되어 빠르게 건강을 되찾았다. 현재 상호는 든든한 아들이고 회사에서도 역할에 충실한 믿음직한 직원이 되었다.

07
새로운 변신

變身

창업 이래 수 많은 변화와 위기를
겪었지만 나는 당면한 문제를
해결하기 위해 대책을 늘 도전적으로 선제
적으로 강구하였고....
그 수단을 개발하는 데 온 몸을 던졌다.

차별화의 경주

무한 노력

나는 국내 최초로 퀵서비스를 도입하였다. 이후 주도적으로 사업을 진행하였고 비교적 이른 시기에 정착시켰다. 어려운 창업과정을 겪어서인지 나는 사업에 각별한 애정을 갖고 있었다. 회사의 발전도 중요하였지만 업계의 전반적인 영업기준과 서비스를 개선하기 위해 나름 최선을 다하였다. 창업 당시에는 당연히 내가 정한 영업 룰이 회사의 규칙이 되었고 시장에서도 그대로 통용될 수 밖에 없었다. 한편으로 기쁘고 한편으론 묘한 느낌이 있지만 독점이고 경쟁업체가 없다고 마음대로 서비스의 내용이나 가격을 정할 순 없었다.

비즈니스 세계에서는 누구나 같은 입장이기 때문에 상대방의 처지를 잘 헤아리면서 서로 돕지 않으면 안 된다. 자신이 유리하고 우위의 위치에 있다고 해서 상대를 가볍게 대하는 것은 큰 실수라고 생각한다. 오히려 내가 시장에서 지속적으로 통할 수 있는 합리적인 기준을 정하여 업계가 건전하고 균형적으로 발전했

으면 하는 마음이었다. 안전하고 빠른 특송 서비스와 합리적인 가격책정은 물론 여기에 신뢰가 더해야 업계의 선두주자를 유지할 수 있다고 그 때나 지금이나 믿었던 것이다. 그러나 이러한 순진했던 생각은 곧 쓴 웃음으로 바뀌었다. 차별화된 경쟁력 없이 이륜차만으로 배송 업무를 도입하는 업체들이 우후죽순처럼 생겨나면서 업계는 난립이 되었다.

게다가 퀵서비스 업체 등록은 허가제가 아니고 신고제라 진입이 쉬워도 너무도 쉬웠다. 내가 창업한 지 몇 년도 지나지 않아 업체 수는 파악도 될 수 없을 만큼 난립되어 가고 있었다. 시장이 어지럽다 보니 가격만 덤핑되고 있었다. 우리 회사도 이제는 다른 퀵서비스 업체들과 특별히 다를 바 없는 회사가 된 것이다.

실제로 소비자들은 서비스의 질보다 가격에 더 민감하였고 제공되는 서비스에 관계 없이 요금만 조금 높아도 다른 업체로 이동하기 일쑤였다. 가격에 민감한 일부의 고객들은 환영하겠지만 안전한 배송과 양질의 서비스는 뒷전이었다. 새로운 변화가 절실한 시장상황에서 다시 도약하고 싶었다.

또 다른 제2의 전성기를 맞이하고 싶은 것도 당시의 솔직한 심정이었다. 업계의 선두주자로 또한 업종을 창업하는 회사의 대표로서 어떻게든 차별성을 도모해야 했다. 그 과정은 자금과 인력이 부족한 작은 회사가 홀로 이루기에는 힘난한 과정이고 어려운 길이었다. 그러나 여러 가지 난관이 예상되었지만 일단 궤도에 오르게 되면 노력 여하에 따라 난관을 타개해 나갈 수 있다고 믿었다. 사장의 그릇만큼 회사가 성장하고 사장의 능력과 열의에 따라 회사가 흥할 수도 있고 망할 수도 있기에 사장은 피하지 말고 맞설 줄 알아야 한다.

그 후 10여년간 나는 가능한 자금과 인력을 총동원하여 하나하나 새로운 시스템과 신규상품을 개발하였다. 모든 분야에서 새로운 기술을 접목하려 노력했고 나름대로 업계 최고의 입지를 단단히 구축하였다. 그 과정에 작은 자신감이 생겼다. 그것은 마치 꿈을 꾸는 듯한 여로였다. 잠시 그 일련의 발전과정을 간략히 돌이켜 보고 싶다.

새로운 기술, 새로운 영업, 새로운 서비스들

처음부터 기업의 경쟁력은 네트워크의 정비와 신기술 도입에 있다고 믿었던 나는 전술했듯이 최초로 충전식 위성 추적 시스템(GPS)를 통해 주문 및 추적서비스를 실시하였다. GPS시스템 도입으로 최단 시간 배송과 저렴한 배송료로 고객 부담을 최소화하기 위하여 노력했고 이를 위해 전 직원(기사)들에게 GPS단말기를 보급하였다. 직원들의 위치를 실시간으로 파악, 빠르고 정확한 서비스를 제공하기 위해서였다.

또한 업계 최초로 PDA 접수, 배차 관제 시스템을 도입 하였고, 2007년 하반기에는 근거리용으로 자전거 배송인 바이클 서비스와 일본과 중국을 대상으로 당일 배송을 목표로 한 국제특송의 영업 시스템도 이루어 냈다.

끊임없이 새로운 시스템과 그 성과를 이루기 위해 순간 순간 중요한 방침을 결정을 내리고 중단하지 않고 끝까지 밀어 붙였던 것은 아마도 실패와 좌절을 두려워하지 않는 성격 탓이었을까 아니면 젊음 때문이었을까? 사업가에게 있어 자신의 성공을 굳게 믿어버리는 것처럼 큰 자산은 없었다. 프로젝트 추진에 소수의 개발 인원들로는 엄두도 안 나고 자금압박도 심했다.

기존의 사업구조에서 벗어나 새로운 변화를 이루기 위해 앞만 보고 달려야 했던 당시의 심정은 호랑이 등에 탄 느낌이었다. 이제 와서 슬그머니 호랑이 등에서 내려 올 수는 없었다. 중단이나 포기를 생각할 순 없었다. 그러나 사실 그 때의 땀방울이 오늘날

퀵서비스 산업 발전에 중요한 버팀목이 되는 소중한 결과를 가져온 것도 부정할 수는 없을 것이다. 지금 생각해보면 너무 짧은 시기에 이루기에는 위험한 순간들도 많았고 아찔할 정도로 바쁘고 위험천만한 나날이었다.

그러나 우리 사업의 보람찬 전성기였고 무모할 정도로 성공에의 자신감이 있었던 시절이기도 하였다. 창업 이래 10여년간 이러한 꾸준한 노력과 피땀으로 회사는 2005년 36억원 매출을 달성하였고 다음 해에는 2006년 45억원을 기록할 수 있었다. 너무도 감사한 일이었다. 별다른 사고가 일어나지 않은 것은 운이 따랐기 때문이었을 것이다.

2007년 가을에는 서울 시내 1시간, 전국은 8시간 내에 배송을 완료할 수 있는 혁신적인 배송 시스템을 갖출 수 있게 되었고 2008년말에는 전국적으로 42개 지사, 서울 28개 지사망과 13개 직영 영업소의 네트워크를 구축하게 되었다. 더욱이 삼성 SDS, LG 그룹, 기아자동차, SK 디투디, 한화유통, 삼성화재 등 최대의 거래처도 확보할 수 있게 되었다.

 또한 우리가 일군 실적에 대한 평가도 우호적이었고 상복도 유난히 많았다.

 2005년 대한민국 만족대상을 필두로 2006년 고객만족 경영대상의 수상은 물론 2008년 대한민국 100대 우수기업 선정되는 등 좋은 일이 이어지고 있었다. 말로 표현할 수 없을 정도로 가슴 뿌듯한 결과들이었다. 방송국이나 일간지 잡지사 등의 언론에서도 연일 관심이 쏟아졌다. 문화일보, KBS, 일간스포츠, 스포츠조선, 일요시사 등에서 취재 요구가 빈번하였고 크게 보도되기도 하였다. 매스컴의 집중 보도는 실제로 우리회사의 영업에도 도움이 되었지만 결과적으로 퀵 서비스 산업 전반에 걸쳐 긍정적인 영향을 끼친 것은 말할 필요도 없을 것이다.

 십 수년 전 외로이 전단지 몇 장을 들고 무작정 방문한 사무실 등에서 잡상인 취급을 받거나 의심어린 표정을 마주해야 했던 때를 돌이켜 보니 감회가 새로웠다. 그 이후에도 최근까지 회사의 성장과 업계의 발전을 위해 나와 회사가 도모한 새로운 서비스와 시스템의 개발 및 대외적인 활동들을 더 살펴 보고 싶다.

100% 보험과 배송비 반환

나는 어려서부터 옷이나 액세서리에 관심이 많아서였는지 사업 초기부터 비주얼로 보이는 회사의 대외적인 이미지의 제고에 관심이 많았다. 후발 업체들과 차별화를 도모하기 위해 라이더들의 통일된 유니폼과 바이크와 바이크 뒷자리에 장착한 화물박스 등에 일률적으로 새롭게 디자인된 노란색을 입힌 것은 회사의 정체성을 알리는 일반적인 이미지 전략이었지만 자신의 개인적인 취향의 발로였을 것이다.

그러나 이보다 더 중요한 것은 고객들의 눈높이를 맞추어 고객들이 선택할 수 있는 상품을 다양화해야 했고 서비스 차원에서

고객들의 불만을 최소화하는 것이었다. 무엇보다도 고객들이 배송 상품을 안심하고 맡길 수 있도록 노란색의 화물박스의 크기와 내구력 강화를 위해 노력하였다.

　라이더 뒤의 화물박스는 어떠한 충격과 화재에도 내용물을 보호할 수 있었지만 이것만으로는 부족하였고 보험에 가입해 고객들의 욕구충족에 만전을 기했다. 최초부터 100% 보험가입으로 고객의 귀중한 상품에 대해 책임을 진 것은 물론 라이더들이 배송시간 약속을 못 지킬 경우 배달비의 50%를 돌려주는 제도를 도입하기도 하였다. 당시에는 이러한 너무 앞서가는 결정에 주위의 우려의 목소리도 있었지만 지금도 아주 잘한 일들이라고 여기고 있다. 신속한 배송, 책임 배송도 중요했지만 고객들에 대한 신뢰가 가장 중요했던 것이다.

과감한 시도들

배송연합회 창립

퀵서비스 산업은 매출 규모와 업체 수라는 외적인 성장은 인상적이었지만 내실면에서는 아직도 불완전한 시장이었고 대다수의 업체도 영세한 규모로 주먹구구식의 영업으로 간신히 유지되는 현실이었다. 내적인 성장은 거의 없는 것이나 마찬가지였다. 현실은 법적인 제도가 없다 보니 법의 규제를 받지 않고 있었던 것이다. 퀵 서비스 시장이 법의 테두리 밖에 있었기 때문에 배송 화물이 분실, 파손 될 경우 피해보상을 받기도 쉽지 않다.

따라서 오토바이 특송업 법제화를 통한 제도권 진입도 급선무였다. 그러나 이러한 역할을 정부가 해야 했지만 현실적으로 공무원들은 이러한 고충들을 들은 척도 안 하였다. 목마른 사람이 우물을 판다고 업계의 누군가가 리더가 되어 법적인 정비와 지원을 맡을 협회를 설립하고 이끌어야 했다.

그러나 적임자도 지원자도 없었다. 사람들은 자연스레 나를 쳐다 보았고 결국 내가 십자가를 맬 수 밖에 없었다. 2000년도 길

고 지루한 협회의 창립과정을 거친 후 결국 전국 이륜차 배송연합회를 창립하였고 나는 초대회장에 취임하였다.

당일 택배사업

업계의 대외적인 활동과 더불어 회사의 표면적인 성과와 외적인 성장은 기대이상의 성과였지만 나는 '퀵서비스의 신화창조'를 일구며 거듭된 아이디어의 성공적인 연결로 각종 매스컴에 얼굴이 알려지면서 사람들의 호기심과 과분한 관심에 긴장하고 있었다. 이러한 대내외적인 기대에 부응하기 위하여 퀵 서비스 시장의 새로운 비즈니스 트렌드 연구에 몰입하던 중 2008년 가을 불현듯 좋은 아이디어가 떠올랐다.

물류 허브센터를 통한 당일 택배사업의 가능성 여부였다. 수도권 지역에 편의점 형태의 퀵서비스의 허브 센터를 개설하여 라이더들 간의 연계 배송으로 물류의 편의를 도모하면 고객의 접근성을 더 높일 수 있지 않을까? 사실 배달기사들은 한 번에 여러 곳의 주문을 받아 이곳 저곳에 배달을 하다 보면, 때로는 서울 강동 끝에서 강서로, 다시 강남으로 배달을 해야 하는 불편을 겪고 있는 실정이었다. 당연히 배송 시간은 길어지고, 유류비용도 부담이 될 수 밖에 없는 이중고에 시달렸다.

그러나 배달기사들간의 물류 교환이 이루어지는 허브 센터가 구축되면, 강남의 배달기사는 일부러 강북에 가지 않고 다른 강북 기사를 통해 고객의 물품을 전달할 수 있고 마찬가지로 강북의 기사도 허브 센터를 거친다면 강남에 가지 않고도 다른 강남 기사를 통해 굳이 멀리까지 가지 않으면서 지역 내 배송을 원활히 할 수 있을 것으로 믿었다. 고객의 접근성을 향상시키기 위하여 편의점 같은 교통이 편리한 곳에서 통합된 번호로 퀵서비스 외에도 당일 택배, 대리운전, 꽃 배달 등 최근의 트렌드인 빠른 배송과 관련된 부가서비스를 이용할 수 있다는 결정적인 장점도 있었다.

배달 기사들 상호간의 자유로운 물품 교환이 이루어지는 허브센터를 'Q&Post' 로 명명하였다. 'Q&Post' 는 성수동에 위치한 1호점을 비롯하여 송파, 양재, 군산, 중구, 서초, 대전, 광주, 목포, 대구 등 20개점이 연이어 순조롭게 오픈하였다. 간단히

'1636'이라는 번호로 전화를 걸어 "퀵서비스"라고 하면, 해당 지역 퀵서비스 창업주에게 바로 연결이 되어 특송 서비스를 받을 수 있어 빠른 배송이 요구되는 택배, 대리운전, 꽃 배달 등의 업주들을 대상으로 배달 서비스의 영역을 한층 빠르게 확대해 나갈 수 있는 성과를 이루었다.

다마스 퀵 등장

2012년 기억에 남는 것은 다마스 퀵이다. 소형화물은 물론 부피가 어지간한 화물도 다마스 차량을 이용하면 안될 것도 없지 않을까? 에서 시작된 작은 아이디어에서 탄생하  였다. 오토바이로 전하기 힘든 짐을 다마스를 통해서 보다 저렴한 요금으로 서비스를 제공하자는 것이었다. 국내 최초로 다마스를 이용한 소형배송의 등장이었다.

크기나 부피가 나가는 소화물도 다마스 차량을 이용해 전국 어디서나 당일 배송을 원칙으로 학생이사, 소화물이사, 원룸이사 등에 적합한 배송시스템이었다. 상당한 성공을 거두었던 기억이 지금도 생생하다.

2012년 그 무렵에는 회사는 세넥스, GB카드, 삼성전자, 롯데관광, 중국전역 국제특송, MBC 문화방송 등과 업무 제휴를 이루며 커다란 성과를 올릴 때이기도 하였다.

토탈코인 탄생

나는 새로운 아이디어와 구상이 떠오르면 반드시 사업에 접목에 시키려는 열정만큼은 누구에게도 뒤지 않는 사람이었다. 2013년에 들어서며 나의 또 다른 관심은 마일리지로 이동중이었다. 기존의 마일리지 시장의 혁신을 꿈꾸고 싶었다. 당시에도 마일리지를 제공하고 있는 소수의 업체들이 있었지만 매출에 비해 턱없이 적은 금액을 적립하였고 그마저도 일정 금액 이상이 적립돼야 비로소 사용 가능한 실정이었다. 나는 이러한 시장의 불합리한 상황의 바꾸기 위하여 선제적인 과감한 결정을 내렸다. 단돈 천원이라도 고객들이 적립과 동시에 사용할 수 있도록 '진짜 돈'으로 돌려주는 새로운 스타일의 마일리지 시스템을 도입한 것이다.

고객에게 저렴한 서비스 가격을 제공하는 것 이외에도 높은 서비스 품질, 다양한 혜택 등을 제공하는 서비스를 개발해보자는 생각에서 출발한 것이다. 이것이 바로 생활밀착형 마일리지 서비스 앱인 '토탈 코인'의 탄생으로 이어지는 과정이었다. 나는 토탈 코인으로 다시 한 번 시장의 새로운 흐름을 주도하고 싶었다. '토탈 코인'은 관련 애플리케이션을 다운받은 뒤 사용자 위치 기반 서비스를 이용, 현재 자신의 위치 주변의 다양한 업체들을 한 눈에 볼 수 있는 서비스였다. 앱을 통해 주문 및 서비스 이용시 사용 금액의 10%를 현금 마일리지로 적립 받을 수 있게 하였다.

퀵서비스, 용달화물, 꽃 배달은 물론 택배, 렌터카, 세차장에 이르기까지 생활에 필요한 셀 수 없이 다양한 서비스를 제공하는 업체들의 주문 접수부터 마일리지 적립까지 한 번에 처리할 수 있는 업종별 포인트 적립 애플리케이션이었다. 나중에는 업종별, 업체별로 분산 되어있는 적립 쿠폰 시스템을 한 데 모아 지역을 총괄하는 '적립 시스템' 개발로 소비자들의 편의를 도모하며 일종의 지역 밀착형 서비스로 점차 발전시켜 나갈 수 있게 되었다.

사실 토탈 코인은 최근에 유행하는 주문형 앱의 플랫폼으로 시작했지만 기존의 음식 배달 등에 한정된 주문형 앱 업종의 한계를 넘은 다양한 업종의 영역으로 확대하는 차별적 수단으로 일정 부분 성공을 거두었다. 현재도 토탈 코인은 우리 생활에 필요한 서비스 전반에 걸쳐 다양한 업체들과 제휴를 맺고 서비스를 제공하는 중이다.

24시간 전국 화물배송 서비스

이와 더불어 2018년 여름부터 지사와 협력사등 우리회사의 퀵 서비스 전국 배송 네트워크 조직을 이용해 24시간 전국 화물 배송 서비스를 시작하였다. '1년 365일 25시'가 프로젝트의 캐치프레이즈이자 목표였다. 화물 운송 대표 전화번호도 전국 25시 콜로 정해 누구나 손쉽게 1년 365일 24시간 전국 화물 배송 콜센터를 이용할 수 있게 하였다. 화물 운송이 필요한 법인 또는 개인 화주가 근무 시간과 요일에 관계없이 원하는 시점에 언제든 콜 센터를 통해 전국 화물 운송을 위탁 배송을 의뢰할 수 있게 하기 위함이었다.

후에 소형 화물뿐만 아니라 1톤에서 25톤까지 대형 화물 운송으로 사업영역을 넓혔고 합리적인 배송 운임 단가를 적용한 노

력으로 전국의 화주들에게 많은 문의가 오면서 폭발적인 인기를 끌기도 하였다. 2018 머니 투데이의 상반기 히트상품에 선정되는 영광을 얻기도 했다. 최근에는 지속적인 경기 불황으로 인하여 화물 배송 건수가 감소하고 있으나 전국 화물 25시 콜 서비스는 오늘도 전국에서 기업 및 개인 화주로부터 많은 주문 접수를 처리하고 있다.

할인 앱 '바람의 아들'

또한 2020년 가을에는 화주와 기사가 직접 접촉할 수 있는 화물 앱 시스템 도입하였다. 배송 요금 특별 할인(10~15%)을 제공하는 앱 '바람의 아들'의 출시였다. 경제 불황으로 어려움을 겪고 있는 사람들을 위해서 퀵서비스/용달화물 배송 요금에 대한 부담을 줄이고자 배송 요금 할인 앱을 개발한 것으로 배송 가능한 차량은 오토바이, 다마스, 라보, 1톤에서 25톤까지이며 서울/수도권은 물론 전국 모든 지역에서 퀵 화물 배송을 할인된 금액으로 이용할 수 있었다.

회사가 구축한 전국 물류 배송망을 이용하여 전국 당일 배송도 가능하게 만들었고 화주와 배송기사가 직접 만날 수 있어서 불필요한 시간과 관리업무를 줄일 수 있어 가성비 높은 저가의 배송 운임단가를 적용할 수 있는 획기적인 앱이었다. 다시 한 번 화주에게 부담 없이 다가갈 수 있도록 물류 시스템을 새롭게 보완한 도구가 되었다.

    당시에 나는 더욱 선진화된 물류 배송 시스템 및 서비스에 필요 불가결한 수단이라고 판단하였고 결과적으로 바람의 아들 앱을 통해 할인된 배송 비용으로 보다 빠르고 효율적인 전국 물류 배송 서비스가 가능하게 되었다.

    나는 전국 화물 화주들에게 신속한 배송, 책임 배송, 저가 운임 정책, 고객만족 서비스만을 생각하였고 회사 목표를 수익보다는 차별화된 서비스에 중심을 두고 이를 위하여 전국에 산재된 운송 네트워크 조직과 함께 빠르고 정확한 관리 시스템을 구축하여 효율적인 물류 배차 시스템을 끊임 없이 도입하였다.

    앞으로도 대한민국의 선진 물류 서비스 구축에 계속 박차를 가하고 싶은 심정뿐이다. 이것이 우리회사가 이루어 온 30년 사업의 큰 보람이자 국가경제에 기여한 점이라고 믿고 싶다.

이 모든 노력이 단순히 금전적인 매출의 증대와 수익 때문이라고는 할 수 없었고 일과 그 과정을 즐기지 않았더라면 이룰 수 없는 것이었다고 생각한다.

창업 이래 수 많은 변화와 위기를 겪었지만 나는 당면한 문제를 해결하기 위해 대책을 늘 도전적으로 선제적으로 강구하였고 반드시 새로운 시대의 트렌드와 첨단 기술을 접목하여 그 수단을 개발하는 데 온 몸을 던져 매진하였다. 돌이켜 보면 성공도 실패도 있었지만 후회는 없었다.

나는 비즈니스맨이다. 사업이 천직이었고 생존 이유였다. 나의 인생에서 이것만큼 더 소중한 일은 없다. 사업 인생은 남들보다 행복하였고 다시 태어나도 나의 아이디어로 새로운 사업을 할 것이다. 내 사업에 만족하였고 다른 일에 눈을 돌리지 않았기 때문이다.그런 비즈니스를 하였고 그런 인생을 은근히 즐긴 것 같다.

08
남기고 싶은 이야기들

回顧

사업을 시작하면서 적당히 해 본 적이
없다. 요행을 바란 적도 없다.
남을 이용한 적도 없다.
내가 스스로 기획한 아이디어 그 자체
를 사랑했고 그렇게 최선을 다하고 그
결과에 기쁨을 때로는 좌절을 느꼈다.

도전과 실패에서 배운다

돌이켜 보며

앞의 글들에서 내가 걸어 온 길들을 간략하고 두서없이 살펴보았다. 내 가슴속에 간직하기 위해 정리한 글들이지만 감회도 새로운 동시에 여러모로 부끄러운 생각도 든다. 나는 이런 길들을 걷고 때로는 뛰어 왔다. 단조롭다면 단조롭고 평범하다면 평범한 길이었다. 그러나 길을 가던 중 위기에 처하면 외면하지 않았고 대체로 안주보다는 그때 그때의 목표를 위해서 어려운 길을 가는 것을 주저하지 않았다. 나는 30줄이 넘어서 사업을 시작하면서 적당히 해 본 적이 없다. 요행을 바란 적도 없다. 남을 이용한 적도 없다.

내가 스스로 기획한 아이디어 그 자체를 사랑했고 그렇게 최선을 다하고 그 결과에 기쁠 때로는 좌절을 느꼈다. 그 당시는 참으로 열심히 뛰었다. 다시 그 시절로 돌아간다 해도 그렇게는 못할 것 같다. 오랜 사업을 하면서 여러 가지 경험과 성공과 좌절 그리고 인간 관계에 관한 몇 가지 인생주제에 관하여 몇 가지

단상을 정리하여 남기고 싶다. 이것이 현재의 나의 유일한 의무이자 작은 바람이기도 하다. 어설프고 부족한 글들이지만 아무쪼록 후배들에게 작은 도움이나 참고가 된다면 그것만으로도 더 바랄 것이 없을 것이다.

인맥에 대하여

인생을 살면서 "무엇을 아느냐가 아니라 누구를 아느냐가 중요하다" 라는 말처럼 가슴에 와 닿는 말도 흔치 않을 것이다. 너무도 당연한 일이지만 인간은 누구도 혼자 일 수 없고 집단을 떠나서는 살 수 없는 존재다. 피를 나눈 가족이나 친척 말고도 친구는 물론 직장의 선배, 후배, 상사, 동료 등... 사회생활은 이런 수많은 인연들이 있음으로써 비로소 성립한다.

나는 30년 사업을 하면서 언제 어디서나 서로 의논하고 대화할 수 있는 지인들을 가질 수 있었다 이는 커다란 행운이었다. 사업가가 중요한 의사결정을 앞두고 이해관계에서 자유로운 사람들의 객관적인 이야기를 들을 수 있다는 것은 얼마나 큰 자산인가? 나는 바로 그런 사람들 중 한 명이다. 이는 결코 재무제표에 반영되지 않는 자산이라 할 수 있다.

인간관계란 세월이 흐른다고 자연스럽게 원만해지는 것도 또 늘어나는 것도 아니기 때문이다. 타산 없는 신뢰관계를 이루기 위해서는 오랜 시간이 필요하므로 인맥을 만들기 위한 노력은 빠르면 빠를수록 좋은 것이다. 마치 투자와 같은 것으로 그 필요성을 느꼈다면 서둘러야 한다.

　물론 금전적이고 이기적인 이유로 남과 접촉하라는 말이 아니다. 인간관계에서는 늘 이익만 생각하면 사람들은 협력해 주지 않는다. 다른 사람에게 이익이 돌아가도록 배려하면 그 사람도 내게 이익이 돌아올 수 있도록 신경을 써주게 마련이고 결과적으로 자신의 행복으로 이어지는 길로 통하는 것이다. 남을 도와서 나를 돕는다. 상대를 돕는 것이 곧 자신을 돕는 길로 이어지는 것이다. 어떤 형태로든 다른 사람이 협력해 주어야 비로소 자신에게도 이익이 돌아오는 것이다.

　이런 식으로 나와 타인을 연결하는 것은 인생에서 정서적으로나 경제적으로 가장 보람찬 일 중 하나일 것이다. 인맥에 관한 경험이 많은 사람이라면 누구나 잘 알겠지만 내게 도움을 줄 수 있는 위치에 있는 사람과 연결 기반을 마련하는 것이 자신의 꿈을 가장 빠르고 효과적으로 이룰 수 있는 길이고, 나의 경험과 인맥을 이용해 다른 사람들이 목표를 달성할 수 있도록 도와 줄 때 더할 나위 없는 성취감을 느낄 수 있는 것이다. 실제로 가슴속에 많은 사람들을 담고 살아 가면 마음도 그만큼 풍요로워 진다. 내가 도움을 주어 그 사람들이 행복해지는 것은 얼마나 멋진 일인가? 이는 마치 부메랑 같은 것으로 이것이 몸에 익혀질 때 우리는 인생의 진수를 파악했다고 말 할 수 있다. 바로 이것이 인간사회의 기본원칙이고 인생의 궁극적인 대본이 아닐까?

시련이 주는 보너스

나는 이제까지 많은 사람들의 성공과 좌절을 수 없이 보아왔다. 그 과정에서 배우고 느낀 것은 시련이 인간을 성장시킨다는 사실이다. 시련을 겪어 본 적이 없는 인간은 대나무로 말하면 마디가 없는 것과 같은 것이다. 마디가 없으면 보기에는 죽 뻗어 있지만 심의 강도가 없어 언제든지 부러지기 쉬운 것이다. 인간은 한 번 시련을 겪으면 꿋꿋이 땅을 딛고 일어서게 되고 몰라 보게 바뀌게 된다. 눈이 온 뒤에 봄은 반드시 오는 것이다. 고통 속에도 이미 기쁨이 다가오고 있다고 믿는 것이 참 인생의 길이다. 여러분들이 시련에 직면한다면 당장의 어려움에 절망하지 말고 고통의 바다를 건너야 하며 어떠한 재난에 직면해도 최선의 방법을 취해 나가야 한다.

시련은 피해야 하는 것이 아니라 자신을 믿고 자신의 속에서 소화해 나가야 하는 것이기 때문이다. 포기하거나 굴복하면 안 되고 성장의 밑거름으로 삼기 바란다. 실수로 일생을 망쳤다고 생각하는가? 어쩌면 그 실수는 목표를 향한 중요한 한 발짝을 방금 떼어 놓은 것인지도 모른다. 몇 년 동안 심혈을 기울여 완성한 어떤 비즈니스가 어처구니없는 이유로 끔찍한 종말을 맞았다고 생각해 보라! 아마 허공을 향해 비명을 지르고 싶을 것이다.

어떤 사람은 처음에 실패했음에도 불구하고 계속 노력한다. 그러나 대다수의 사람들은 이렇게 끈질긴 노력을 하지 못한다 많은 사람들이 실패를 두려워하며 그 중 일부는 아예 새로운 일을 시도해보려고도 하지 않는다 어떤 사람들은 자기의 목표를 분명히 성취할 수 있는 것만으로 제한한다 또 어떤 사람들은 무언가를 시도해 보지만 뜻대로 되지 않으면 그 길은 자기가 갈 길이 아니라고 체념하고 만다

실패를 껴안아라

실패는 피해야 할 것이 아니라 경험해야 할 것이다. 실패에서 해방되면 무언가 새로운 일을 하게 되지 않을까? 실패는 겉으로 보이는 것과 다를 때가 있는 데 성공 또한 마찬가지라고 생각한다. 다른 많은 성공한 사람들처럼 처음에 의도했던 것이 뜻대로 되지 않더라도 더 좋은 어떤 것이 이루어지기도 한다는 것을 알아야 한다. 따라서 실패가 성공의 반대말이 아닌 것이다 오히려 성공을 이루는 요소라고 하는 편이 더 좋을 것이다.

실생활에서도 그렇지만 사업의 세계에서도 새로운 일을 시도할 때 제대로 성공하는 것 보다 실패로 끝나는 것이 더 많다. 나의 경우도 1990년대 초반 경기 활황과 새로운 업종에 대한 반사이익으로 운이 많이 따랐음에도 초기의 사업도 성공과는 거리가 멀었다. 성공의 씨앗은 거의 언제나 실패라는 토양에서 가장 잘 자라난다. 실패, 반복되는 실패는 성공으로 가는 길에 서 있는 이정표다. 우리는 실패하면서 성공을 향해 나아간다. 나도 유학시절은 물론 용산의 작은 사무실에서부터 많은 어려움을 경험

한 사람이다. 그러나 어느 시점에서 나는 실패라는 것은 없고 단지 경험이 있을 뿐이라고 깨달았다.

모든 좌절을 선물로 받아 들이게 되었다. 그 실패의 경험을 활용하지 못하는 경우가 가장 뼈아프고 슬픈 일이다. 극단적으로 말하면 인생에서 아무런 문제가 없는 사람들은 이미 경기에서 제외된 사람들이나 다름 없는 것이다. 조직에 있거나 사업을 하거나 실패는 두려워할 것이 못되고 불가피할 뿐만 아니라 때로는 꼭 필요한 것이다. 일에서 실패는 좋은 일이다 하는 일이 모두 성공한다면 안전한 일만 하고 있다는 것을 반증하는 것이다 모험을 하고 있지 않는 것이다 실패를 통해 뭔가를 배워야 한다.

사업을 하다 보면 거래 등에서 줄다리기를 하다 때로는 손해를 감수해야 할 때가 있다. 엄밀히 말하면 실패가 아니다. 많은 경험을 한 것이기 때문이다. 손해를 본 것에 대해 실수라고 여기면 안 된다. 좋은 시도라고 여겨야 한다. 일이 제대로 풀리지 않으면 거기서 교훈을 얻고 그런 실수를 다시 하지 않으려고 노력해야 한다.

친구에 대하여

인디언들은 친구를 가리켜 '내 슬픔을 등에 지고 가는 자'라고 했다. 역시 어려울 때 힘이 되는 친구가 진정한 친구다. 성공은 친구를 만들고, 역경은 친구를 시험하기 때문이다. 순간 순간 최선을 다하고 그 결과에 대하여 인연의 법칙에 맡기고 바로 이 순간 내 곁에 있는 사람들과 즐겁게 지내는 것이 가장 멋진 인생이라고 생각한다. 그런 의미에서 친구를 소중하게 여겨야 한다. 친구를 갖는다는 것은 또 하나의 인생을 갖는 것이다. 어떤 친구라도 무언가 이익을 주고 서로 나눌 것이 많으면 배울 것도 많다.

친구들 사이에서 보면 때로는 한 쪽에서 일방적으로 돕는 것처럼 보이지만 오랜 세월을 두고 보면 결국은 시간이나 물질적인 것이나 정신적인 면에서도 균형을 이루게 되어 있다. 굳이 빈번히 안 만나고 친근하지 않더라도 서로 관심을 기울여 주기만 하면 친구인 것이다. 편안한 만남에서 장차 신뢰할 수 있는 친구가 탄생하는 법이다. 늘 친구를 위해 노력하라!

생각의 힘

건강한 사람이 그렇지 못한 사람보다 더 행복하다는 것은 너무나 분명하다. 즉 행복한 사람이 불행한 사람보다 더 건강하다. 행복은 대부분의 시간을 행복한 생각을 하면서 보낸다는 것을 의미한다. 나의 불완전하고 짧은 경험으로도 행복한 생각이 일으키는 깊은 심리적 변화가 건강으로 이어 지는 것 같다.

분노와 증오, 갈등, 침울함 등이 신체의 면역체계를 약화시킨다면, 행복한 생각은 그것과 정반대로 육체의 저항력을 증가시키는 것이 아닐까? 생각은 이와 같이 놀라운 치유력을 지니고 있다. 그러나 치유력이 발휘되기 위해서는 생각을 순수하게 간직하고 진실하게 믿어야 한다. 삶을 즐겁게 받아 들이는 건강한 사람과 비교할 때 그렇지 않은 사람들은 쉽게 초조해지고 다른 사람들을 칭찬할 줄 모르고 타인의 성공을 함께 기뻐하지 않으며 매사에 냉소와 방어적인 태도로 일관하며 트집을 잡는다.

우리가 내면의 행복에 따라 살지 않을 때 스트레스는 점점 더 쌓여간다. 더욱 각성된 행동을 하려면 더 많은 스트레스가 필요하다는 말은, 우리가 끊임없는 긴장과 경쟁, 늘 초조하게 서두르는 비정상적인 상태에 적응하는 법을 배워야 한다는 말과 같다. 이를 위해 우리에게 필요한 것은 어떠한 일이 닥쳐와도 긴장하지 않고 살아 가는 것이다. 그렇게 살려면 무엇보다도 자기 자신을 신뢰하는 편안한 태도를 가져야 하지 않을까?

취미와 골프

건강하게 오래 사는 것은 우연이 아니다. 장수는 우수한 유전자에서 시작되지만 좋은 습관 또한 중요하다. 올바른 생활 양식을 따른다면 최고 20년까지도 더 오래 살 수 있다는 의학 기사를 읽은 적이 있다.

이렇듯 현대인의 인생은 매우 길어졌다. 평균 수명이 크게 늘어 났기 때문이다. 이러한 긴 인생을 생각할 때 이제 길고 진득하게 시간을 보내는 방법에 대해 고민해야 할 때가 아닐까? 은퇴하고 나서 중요한 것은 자만심을 버리되 자존심을 지키는 것이다 대부분의 경우 65세를 넘으면 세속적인 지위나 더 큰 재산은 더 이상 중요한 목표가 되지는 않는다 노년에 이르면 경제적인 능력

보다는 삶을 즐길 줄 아는 능력 즉 지칠 줄 모르고 노는 능력이 더 쓸모가 있을 지 모른다. 사람들 특히 한국인들은 놀이와 일이 별개라고 생각한다.

그러므로 나이 든 사람들이 하는 레져나 스포츠 활동이 하찮게 여겨질 때가 많다. 그러나 인간은 누구나 할 것 없이 세월과 함께 변해가게 마련이며 자신의 나이를 당당하게 받아 들일 수 있게끔 사회적 분위기가 조성 되어야 한다. 한창 때의 청년들이나 중년들은 냉철한 태도로 자기 역할을 제대로 수행해야 한다 그러나 어린아이나 은퇴한 사람이라면 즐겁게 놀이를 즐기는 것이 더 잘 어울리고 자연스러울지 모른다.

이제껏 골프에 대해서는 좋은 글이 많이 나왔기에 특별히 쓸 내용은 없지만 한마디만 나름의 느낌을 덧붙이자면 요즘은 어디에서든 늘 즐길 수 있는 골프도 정원 가꾸기와 비슷한 점이 있는 것 같다. 오래 걸을 수 있는 것은 골프의 보너스이지만 각각의 홀 앞에 설 때마다 새로운 하루가 시작되고 새로운 희망이 탄생할 듯한 느낌이 너무 좋아 골프를 계속하고 있는지도 모른다.

09
아름다운 마무리

追憶

인생에는 원래 정해진 길은 없을 것이다. 내가 걸어 가는 길이 바로 인생의 길인 것이다... 그러나 목표를 이루지 못했더라도 후회할 것은 없다. 인생은 충분히 살만한 가치가 있고 그 자체로 실패가 아니고 성공이기 때문이다.

에필로그

인생의 정년이란

대부분의 사람들은 젊은 시절에는 다른 사람의 눈을 의식하며 좋은 학교, 승진, 자산 그리고 사회적 명예를 얻으려 기를 쓰고 버둥거리며 살고 그 이후에는 별 생각 없이 하루 하루 보낸다. 그러나 50대 후반이 되고 60이 넘을 정도의 나이가 들면 생각이 변한다.

내가 누구인지 내가 어떻게 살아왔는지, 나에게 정말로 중요한 것에 대해 자문을 하게 되는 것 같다. 자신도 언젠가는 죽는다는 사실을 똑바로 보고 나서야 자신의 삶의 의미를 찾으려 하는 것 같다.

인생에는 원래 정해진 길은 없을 것이다. 내가 걸어가는 길이 바로 인생의 길인 것이다. 길이 있어 가는 것이 아니라 내가 감으로써 길이 된다는 생각이다. 자신이 원하는 곳을 가려는 사람에

제9부 아름다운 마무리

게 길이 만들어 지고 가지 않으려는 자에게는 길이 만들어 질 리가 없는 것이다.

그러나 목표를 이루지 못했더라도 후회할 것은 없다. 인생은 충분히 살만한 가치가 있고 그 자체로 실패가 아니고 성공이기 때문이다. 따라서 성공적인 노년에 이르는 길은 수 없이 많을 것이고 어느 한 가지 길이 옳다고 할 수는 없을 것이다. 그렇다면 과연 노년이란 무엇일까? 요즘은 이른바 노년에 대한 물리적인 기준도 모호하지만 나도 연령상으로는 어느덧 노년의 길에 들어서고 있다.

어느덧 70을 바라보는 나이가 되었다. 얼마 전만 해도 상상도 못한 연령대가 된 것이다. 주위에서는 동안이라고 놀리지만 몸과 얼굴에도 세월의 흔적은 어쩔 수 없다. 이제는 일을 더욱 확대하기 보다 정리해 나가야 할 시점인지도 모른다. 노년에 이르면 삶이 자기가 원하는 대로 흘러 가는 일이 드문 것인가? 그렇지 않을 것이다.

최근 들어 고령화 사회의 도래를 외치며, 마치 사람들은 그것이 어두운 미래를 예고하듯이 일률적으로 주장들 하고 있지만 나는 그것이 잘못되었다고 생각한다. 흔히들 나이라는 숫자에 구애를 받게 되는 데 나이만큼 개인차가 큰 것도 없기 때문이다.

노년은 나이에 걸맞게 살아 오지 못한 사람에게만 능력의 상실이자 쇠퇴일 따름이다. 따라서 나이를 일률적으로 논하는 것도 이상하지 않은가?

나는 노년이 되어가는 것을 즉 노화를 가장한 채로 뒤로 미루고 싶은 노쇠과정이 아니라 생기 넘치는 삶의 한 과정이라 보고 싶다. 일에는 정년이 있을지 모르지만 인생에는 정년이 없는 것이다. 그 사실이 가장 중요한 것으로 정년 없는 인생을 어떻게 살아 갈 것인가? 일의 정년이 끝나면 일에 매달리느라 이제까지 몰랐던 것들을 배우고 좋아하는 이들과 함께 남은 시간을 소중하게 보내는 것도 중요할 것이다.

그러나 나는 성공적인 노년과 그렇지 못한 노년의 차이는 바로 모든 것을 담담히 받아들이고 즐거움을 누릴 줄 아는 여유가 있는가 없는가에 달렸다고 생각한다. 삶은 즐길 필요가 있고 이를 위해서는 정신적 육체적으로 다양한 취미와 스포츠가 필요하기 때문이다. 나이가 들수록 잘하는 것보다 좋아하는 것이 많아야 되는 이유다. 좋아하는 분야나 취미는 사람마다 다르겠지만 젊은 시절부터 자신만의 주제에 꾸준히 시간과 노력을 투자해야 한다고 믿는다.

흔히들 직장이나 조직에서 은퇴할 무렵부터 새로운 취미에 도전하는 사람들이 많지만 이는 여러 가지로 무리가 따르며 지속적인 흥미를 유지하기도 쉽지 않다. 따라서 한 사람의 진정한 실력은 은퇴 이후에서 표출되는 것인지도 모른다. 시간들을 잘 활용만 한다면 노년도 온통 즐거움으로 가득할 것이다.

또한 행복한 노년은 사회에서 만난 훌륭한 인물들 덕분에 보장 되기도 한다. 부끄럽지만 나 자신이 전형적인 예일 것이다.

나 혼자서는 여기까지 오지 못했을 것이라 생각한다. 친구들 동료 선후배들의 도움이 있었기에 여기까지 올 수 있었다. 이제껏 주위 사람들이 내 손을 잡아 주었으니 앞으로는 내가 다른 이들을 돕는데 많은 시간을 할애하고 싶다. 특히 후배들과 이제 갓 일을 시작함으로써 세상과 관계를 맺기 시작한 젊은이들의 멘토가 되어 주고 싶다.

내가 늘 옳은 것은 아니지만 삶을 통해 얻은 경험들은 일정부분 도움이 될만한 가치가 있다고 믿는다. 행복하게 노년에 이르고 그 노년을 즐기는 방법을 후배들에게 남길 수 있는 것들을.

부록

회사 연혁

회사 연혁

2020
- 05 앱 "퀵배차 조회" 출시 (실시간 배송완료 조회)
- 03 앱 "바람의 아들" 출시 (최대 18% 할인)

2019
- 12 현대 자동차 사전 부품 전국 배송 서비스
- 07 앱 "배송기사 위치" 출시(실시간 기사 위치 조회)

2018
- 05 현대자동차 전국 부품 센터 배송 서비스

2017
- 09 기아자동차 전국 부품 센터 배송 서비스

2016
- 12 CJ대한통운과 홈플러스 마트 배송업무 제휴

2015
- 01 HP 본사 및 전국 지사와 24시간 퀵 서비스 업무 제휴

2014
- 06 종합 마일리지 제공 앱 "토탈 코인" 개발
- 05 "전국다마스퀵 협동조합" 발기 모임 및 창립총회 개최

2013
- 07 씨브이에스넷 편의점 택배 업무제휴
- 01 음식배달 전문 앱 "배달팡" 개발

2012
- 07 SC제일은행 서울/수도권 지점 퀵서비스 배송
- 07 DHL과 비지니스 파트너 업무제휴
- 06 (주)DHL코리아와 퀵서비스 및 용달화물 협력 파트너쉽 제휴

2009
- 02 큐앤포스트 전국 프렌차이즈 가맹사업 발족

2008
- 08 대한민국 100대 우수기업 선정(안국일보)
- 02 LG데이콤 1636 말로 거는 전화 노원B센터 건설

2007
- 03 GB카드와 업무제휴
- 03 KT파워텔 판매 대리점 계약
- 02 다날(휴대폰결재) 실시
- 01 세덱스와 업무제휴
- 01 성수동 사옥구입, 이전

2006
- 09 국제특송 업무 실시
- 08 국제특송(중국전역) 업무제휴
- 07 업계최초 GPS(위치확인) 시스템 방식 도입운영
- 07 롯데관광과 업무제휴
- 07 삼성전자(본관)와 업무제휴
- 04 고객만족 경영대상 수상 - 헤럴드경제 -
- 01 일본 다트저팬 외국인 투자 유치 성공

회사 연혁

2005
- 09 소화물 도난 및 분실방지를 위한 안전박스 (FRP 재질) 부착
- 08 MBC 문화방송과 업무 제휴
- 03 대한민국서비스 만족대상 수상 -한국일보-

2004
- 08 삼성화재와 업무 제휴
- 06 전국 인터넷 / 디지털 스티커 접수 실시
- 06 대구,광주,원주, 인터넷 / 디지털 스티커 접수 실시
- 04 KTF 휴대폰 판매 프로모션 배송 서비스 실시
- 02 SKT 휴대폰 전국 배송 서비스 실시

2003
- 09 삼성 PDA(Mits 3300) 배송 단말기로 도입, 운영
- 09 신용카드결제 서비스 구축
- 07 아이엠 넷피아(주)와 업무 제휴
- 06 현대화재해상보험과 도로운송 배상책임보험 가입
- 05 BC신용카드 사업제휴
- 05 기업은행과 Fine Biz카드 사업 제휴

2002
- 11 39대리운전 사업개시
- 06 뱅크25(주)와 업무 제휴
- 01 다날(주)와 업무 제휴

2001

- 12 쌍용정보통신(주)의 IBZYP 포탈 사이트 제휴
- 11 인테크 텔레콤의 PDA 단말기 도입 및 운영
- 05 (주)행복한 아침과 업무 제휴
- 05 BBC정보통신(주) - 머니텐 카드
- 05 (주)이코인과 업무제휴
- 05 (주)아이피스와 업무제휴
- 01 방배지사 외 60개 지사 설립

2000

- 10 아주 로지스틱스(주)와 업무 및 자본적 제휴
- 07 (주)코스모 정보통신과 제휴
- 07 (주)텔렉과 업무제휴
- 07 (주)팬텀과 업무제휴
- 06 (주)화이브 캣츠와 제휴
- 05 한통 프리텔(016)과 업무 제휴
- 05 SK텔레콤(011)과 업무 제휴
- 04 벤처기업 인정 (서울지방 중소기업청)
- 04 전주지사 외 40개 지사 설립
- 04 ASIANA항공과 5시간 배송업무 제휴
- 04 신세기(017) 이동통신과 제휴
- 04 자본금 3억 9천만원으로 증자
- 02 퀵서비스 상표등록(특허청)
- 02 LG텔레콤(019)과 비지니스 파트너 제휴
- 01 용인지사 외 20개 지사 설립

회사 연혁

- 09 대한생명보험(주)와 상해보험 가입
- 06 퀵 서비스 협력사 전국 9개 지역 설립
- 04 서울 이륜특송협회설립 초대회장으로 (주)퀵서비스 임항신 사장 선임
- 01 퀵 홈쇼핑 통신판매사업 진출(www.quickmail.co.kr)
- 01 퀵서비스 인터넷 접수 (www.quicksvc.co.kr)

1999

1997

- 12 삼성생명보험(주)와 상해보험 가입
- 11~12 종로 지점 외 6개 지점 설립
- 09 매일경제TV - TV창업가이드 (주)퀵서비스 홍보과장 문종인
- 09 매일경제TV - TV창업가이드(오토바이 택배업)

- 08 주식회사 퀵서비스로 법인 전환
- 09 최초 부산지사 설립
- 09 KBS방송 21세기를 연다
- 09 KBS방송 생방송! 아침을 달린다.

1996

1993

- 03 퀵서비스 설립

부록
언론 보도

언론 보도

'퀵서비스'라는 단어는 내가 맨 처음 만들었죠 | 2001/11/20

▶ [생방송 투데이] 제 00178 회 (02 월 04 일)

[투데이 세상엿기] 배달도 맞춤시대~! 상상초월 퀵서비스 25시

1분 1초가 곧 돈이 되는 곳! 꽉 막힌 도시를 아스팔트 위의 전사가 되어 무엇이든 배달한다!
2000원짜리 떡볶이부터 다급한 연예인들의 고마운 발까지 되어준다는 상상초월~ 퀵서비스
25시. 그 숨가쁜 현장 속으로 들어가 본다. 전시(戰時)의 작전상황실을 방불케 하는 곳이
있었으니.... 바로 퀵서비스 업체의 사무실. 정신없이 울려대는 전화를 주먹 받아 볼 요상한
배달 주문들도 있다고. 살아있는 뱀을 배달해달라는 요구부터 10억짜리 어음 배달까지~
배달물건도 가지가지! 2000원짜리 떡볶이를 먹기 위해 6000원 퀵서비스를 이용하는 고객이
있는가하면, 꾸뿟가사리가 꼭 먹고 싶다는 입산부를 위해 가락시장을 뒤지고 뒤져 ‐ 감동적인
맞춤배달까지~ 스케줄 다급한 조영구씨는 퀵서비스맨 허리를 꽉 ‐ 무여잡고 방송국과 방송국
사이를 누비기도 하고, 남편사랑 지극한 한 주부는 점심때마다 뜨끈한 ‐ 국과 탕을 먹이기
위해 퀵서비스를 애용한다는데.
온 거리를 가장 빠르게 누비고 다니는 퀵서비스맨들의 일상을 투데이 카메라에 담아본다.

'배달도 맞춤시대' | SBS TV방영 2004/02/04

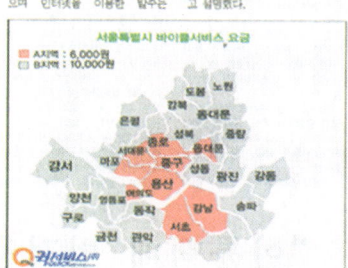

퀵서비스, 이륜특송 가격차별화 | 2004/07/05

언론 보도

퀵서비스 사업도 프랜차이즈 시대 - (주)퀵서비스 임항신 사장
주간 Biznet Times - NO.116 2005/02/21

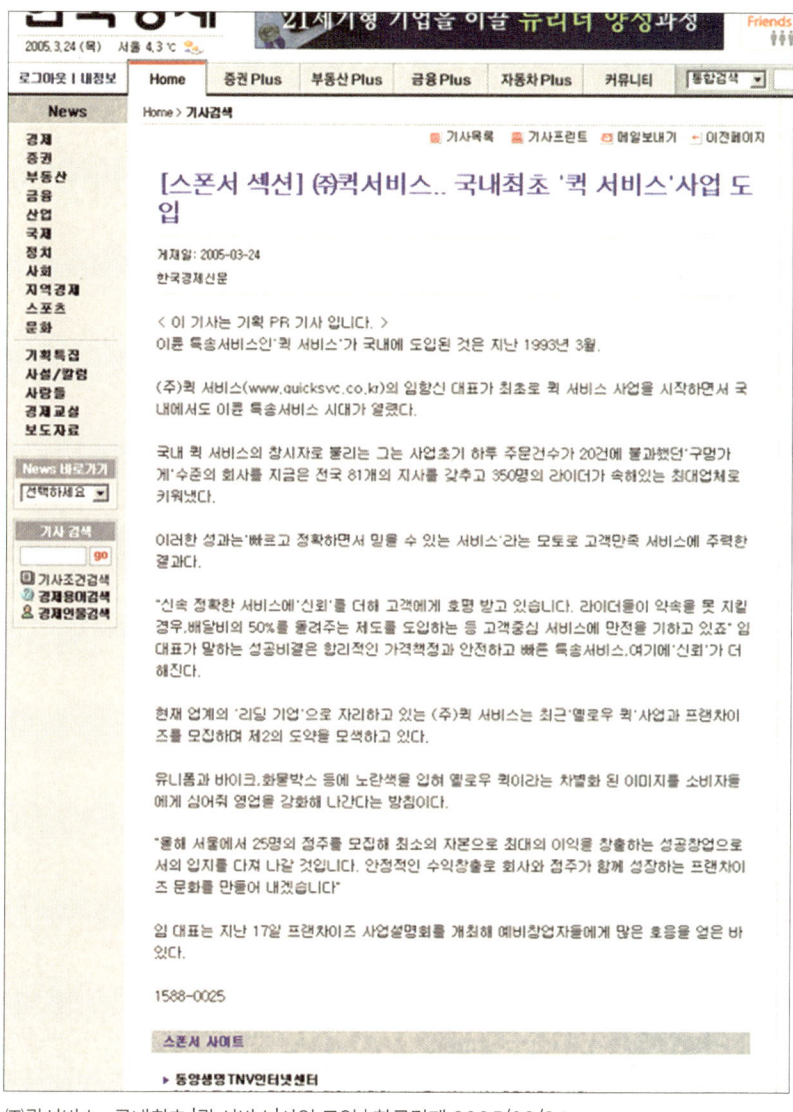

㈜퀵서비스.. 국내최초 '퀵 서비스'사업 도입 | 한국경제 2005/03/24

언론 보도

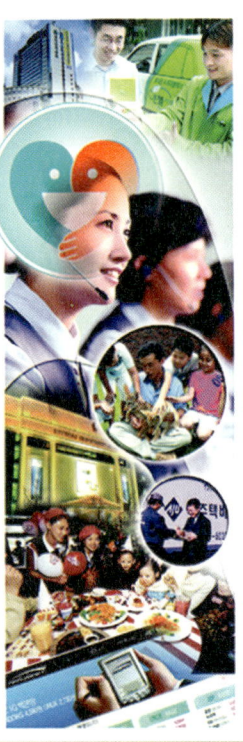

"고객이 왕" 서비스가 시장을 지배 | 한국일보 2005/04/28

실시간 주문처리, 90분내 배송

■ 퀵서비스

실시간 주문처리, 90분내 배송 | 한국일보 2005/04/28

서울-도쿄간 당일 퀵배달 10만원
이코노미스트 2006/02/14

부록 | 언론 보도　165

언론 보도

Herald Biz 혁신기업 & 경영인
2006/04/27

◀ 국내 최고 이륜택배 기업으로 자리매김
2006/03/15

▲ 이륜특송업의 제도마련 급선무
2006/07/04

이륜특송과 국제특송이 악수하다 | 2006/08

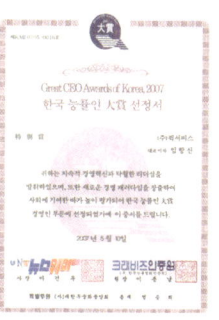

한국능률혁신 경영(인) 大償 수상
2007/05/10

부록 | 언론 보도

언론 보도

국내최초 배달의 정신을 실현하다
2007/06/01

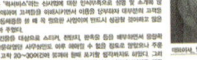

대한민국 최초로 '퀵서비스'란 단어를 만든 회사

대한민국에 "(주)퀵서비스"는 단 하나

CEO 매거진 8월호 "국내 최초, 최고의 배달 서비스"

'이륜자동차' 제도권 진입 시급
동아경제 | 2007/09/14

(주)퀵서비스 2008 기획 PTS Top Brand 선정!!

부록 | 언론 보도   169

언론 보도

(주)퀵서비스 2008 대한민국 100대 우수기업 선정!!!

시사뉴스피플 | 2008년 10대 인물 선정

Briefing

이제 전화번호가 바로 "퀵서비스" 입니다.

오늘도 수많은 전화번호가 물류 전쟁이 일어나는 곳이 아마도 퀵서비스 업종이 아닐까? 17년의 역사를 자랑하는 국내 최대의 소화물 전문 운송기업인 (주)퀵서비스는 또 한번 업계최초로 2008년 중반부터 1636을 통해 치열한 경쟁속에서도 선두를 지켜가고 있다. 업계최초로 GPS, 내비게이션, PDA 등의 시스템을 도입하여 배송시간을 정확히고 조금 더 빠르게 단축시켜 고객에게 다가가고 있다. 기존의 수많은 8자리 이상의 번호를 외우고 찾아 써야 하는 불편함을 일찌감치 알아챈 (주)퀵서비스의 오토바이의 대표적인 회사임은 틀림없지만 1636-[퀵서비스] 1636-[용달화물]이라는 음성인식서비스를 이용하여 다마스, 용달화물차를 보유하여 고객들의 편의를 제공하고 있다. 오토바이로 배송하기에는 짐이 많고 또한 1톤 화물차를 이용하면 부피가 작고 요금이 부담스러울 때 다마스 차량을 이용하면 운송비용도 철감되며 최단시간에 배송된다. 뿐만 아니라 신용카드결제, 휴대폰결제는 물론 현금영수증의 발급 등을 통해 고객이 불편하지 않게 모든 배려를 아끼지 않고 있고, 짐 때문에 고민하기 전에 1636-[용달화물] 운송서비스와 상담하면 적재적소에 알맞은 배송 및 운송 서비스를 확인할 수 있다.

이제 전화번호가 바로 '퀵서비스'입니다.

일본 센슈(專修)대학신문에 소개된 퀵서비스

언론 보도

내셔널 지오그래픽 다큐멘터리 퀵퀵코리아

퀵서비스, 새로운 패러다임 열다

전국 어디든 신속 정확 '원스톱' 시스템 구축

퀵서비스(주), 현대택배·대한통운택배 등 대기업 협력체제
'큐 앤 포스트'··· 신개념 운송물류종합허브 네트워크 '주목'

퀵서비스 새로운 패러다임을 열다! | 일요시사 2009/06/14

신 개념 운송 물류의 종합 허브 '큐앤포스트'
통합번호(1544-0025)로 각종 생활편의시스템 제공

㈜퀵서비스

창업문의: 02-2024-9060

일간스포츠에 소개된 큐앤포스트!!

IS BEST FRANCHISE
신 개념 운송 물류의 중간허브
통합번호(1544-0025)로 각종 생활편의 시스템 제공

㈜퀵서비스 '큐앤포스트'

창업문의: 1544-0025

일간스포츠 베스트 프렌차이즈 - 큐앤포스트

부록 | 언론 보도 173

언론 보도

일간스포츠 베스트 프렌차이즈 - 큐&포스트!

스포츠조선에 소개된 큐앤포스트!!

일본 센슈(專修)대학 교우회 잡지
Adonis의 한국방문 기념기사에 소개된
임항신 대표

토탈코인, 개발기간만 3년
'스크린골프비전' 출시
머니투데이 2015/10/21

토탈코인, 생활밀착형 마일리지서비스
어플 개발 | 머니투데이 2016/03/25

◀ 일요저널 피플&CEO 취재내용
   2011/03/08

기대를 현실로 바꾼 이야기

초판 1쇄 인쇄	2022년 10월 20일
초판 1쇄 발행	2022년 10월 31일
저자	임항신
발행인	성인제
기획/편집	바이오그래픽스
발행처	(주)트레블그라픽스
출판등록	제2021-000106호(2004. 6. 14)
주소	서울시 구로구 온수동 부일로 1나길 4
전화	02-545-4724
팩스	02-548-0095
전자우편	5454724@daum.net

이 책에 실린 모든 내용의 무단 전재와 복제를 금합니다. 이 책의 전부 또는 일부를 재사용하려면 저자와 출판사 양측의 동의를 받아야 합니다.

책값: 18,000원. 잘못된 책은 바꾸어 드립니다.
ISBN 978-89-955416-1-6 03040